邓湘子彩色笔作文书

参照系
发现阅读文选

邓湘子◎主编

看清楚优秀文章的基本样子

中南大学出版社
www.csupress.com.cn

图书在版编目（CIP）数据

邓湘子彩色笔作文书. 发现阅读文选：参照系／邓
湘子主编. —长沙：中南大学出版社，2020.8
ISBN 978 – 7 – 5487 – 3545 – 8

Ⅰ．①邓… Ⅱ．①邓… Ⅲ．①艺术课－小学－教学参
考资料②作文课－小学－教学参考资料 Ⅳ.
①G624.203

中国版本图书馆 CIP 数据核字（2019）第 007913 号

邓湘子彩色笔作文书

发现阅读文选：参照系

DENGXIANGZI CAISEBI ZUOWENSHU

FAXIAN YUEDU WENXUAN：CANZHAOXI

邓湘子　主编

责任编辑	谢贵良　梁　甜　张　倩
美术设计	几木艺创
封面设计	周　周
责任印制	周　颖
出版发行	中南大学出版社
	社址：长沙市麓山南路　　　邮编：410083
	发行科电话：0731 – 88876770　传真：0731 – 88710482
印　装	湖南省众鑫印务有限公司
开　本	787 mm×1092 mm 1/16　印张9　字数114千字
版　次	2020 年 8 月第 1 版　2020 年 8 月第 1 次印刷
书　号	ISBN 978 – 7 – 5487 – 3545 – 8
定　价	28.00 元

自 序

1

这套"邓湘子彩色笔作文书"一共有四册,即:

初级版·学写发现笔记

中级版·爱上发现作文

高级版·激活发现思维

参照系·发现阅读文选

细心的读者一看,就会了解到,前面三册是作文书,后面一册是阅读文选。为什么这样组合?因为在我看来,阅读是写作的基础,习作者首先要做的,是看清楚文章的基本样子,尤其要看清楚优秀文章的基本样子。

这套书的使用,要从阅读开始。

我观察儿童的成长,看到玩具在童年生活里发挥的魔力。给一个滑板,或者一辆自行车,他们能感受神奇的速度;给一个画板,再加一支画笔,他们能领略绘画的美妙;给一个纸飞机,或者一只风筝,他们会放飞高远的想象……

在儿童那里,所有的玩具都是工具,帮助他们去探索世界;而所有的工具都是玩具,让他们得到巨大的快乐。

因此,我在这套书里加入了一个重要的元素——彩色笔。我希望它是孩子们阅读的工具，也是他们学习写作的玩具。

使用彩色笔去阅读，是为了更好地看清楚文章的基本样子。

使用彩色笔去写作，有助于写出更精彩的作文。

2

我对文章的基本样子有如下观点：

第一，在我看来，好的文章里表达了作者的生命体验、心灵感悟、理性思考和独自发现。

第二，好的文章写的都是作者自己的故事，里面有作者的感觉、感情、情绪、思考、思想、思维、联想、想象、创意甚至创造。

第三，好的文章里有作者运用的各种写作方法。

孩子们在学习写作的过程中，应该借助有用的阅读工具，看清楚文章里的各种元素。"看清楚"的过程就是在阅读中深入学习的过程。彩色笔就是我们提供给孩子们的阅读工具。

比方说，彩色笔可以帮助你体会到文章里的各种感觉。具体做法是，请你使用不同颜色的笔将与不同感官有关的句子画出来——

　■　红色笔——眼睛观察的句子；

　■　橙色笔——鼻子感受的句子；

　■　黄色笔——有关肤觉的句子；

　■　绿色笔——嘴巴说出的句子；

　■　青色笔——有关味道的句子；

　■　蓝色笔——耳朵听到的句子；

　■　紫色笔——心灵感受和思考判断的句子……

这就是"画一画，找感觉"阅读游戏。

使用彩色笔做这个阅读游戏，帮助你打开生命的感官。

诚然，用彩色笔进行阅读探索，还有更多的用途。我们在《参照系·发现阅读文选》里设计了一些动手动脑的练习，请在阅读过程中做起来。相信彩色笔这一阅读工具一定会给你带来阅读的惊喜和全新的启发。

我提倡"用发现的眼光去阅读"。

从阅读中看清楚了文章的基本样子，从阅读中弄清了文章与作者之间的关系，你就可以开始动笔练习写作了。

3

其他三册作文书里，有许多关于写作的创意设计，这些创意设计就是要激发你去行动、去思考、去探索、去发现，在此基础之上来记录自己所创造的故事和体验。

我提倡"用发现的眼光写作文"。

我对作文训练有如下观点：

第一，内容是第一的，也就是"内容为王"。内容从哪里来？从你的行动中来，从你的探索、思考、感悟、体验、发现和创造中来。

第二，小学和初中阶段的作文，主要是记叙文，其实就是记录自己的成长故事。我提倡同学们要做小行动者、小探索者、小思想者、小发现者。你的行动敏捷起来，你的生活丰富起来，你的故事精彩起来，你的心灵、你的大脑被激活了，你的作文自然也就有了精彩而丰富的内容。

第三，小学和初中学生写的作文，如果内容比较新鲜、文笔比较生动、表达比较集中，我认为就是比较优秀的作文了。如果你觉得自己找不到新鲜的材料，那就主动去做一件有创意的美好事情。动手动脑，感悟体验，探索发现，作文内容才会更新鲜。

看清作文就是讲述与记录自己的故事，看清作文的内容来自作者的行动与体验，可以减缓习作者对于作文的焦虑，并且找到努力的方向。

其他三册作文书以"初级""中级""高级"标明了训练阶梯，当然是由低到高地进行阶梯练习。

4

我的作文观念被我自己定义为"发现作文"。

什么是"发现"？

什么是"发现作文"？

什么是"发现思维"？

如果你愿意更多地探索和了解这些问题，建议在本套书中去寻找并研读《为什么提倡小朋友写"发现作文"》《听到花开的声音》《爱的礼物》这三篇文章。也可以阅读我的专著《发现作文·风靡版》。

5

本套书的使用与操作，有一个重要方法，就是结对交流。

结对一：找一两个同龄的同伴，一起开展书中的读写活动，彼此交流互动，肯定优点，指出不足。

结对二：爸爸或妈妈也来当小作者的学习伙伴，促进活动开展，解决一些问题。比如，有的小作者开展活动后，有了自己的故事和体验，却不知如何动笔。这时候可以进行"你说我记"活动——孩子说，父母记。如果孩子说得不充分，父母再提问，孩子再补充。在此基础上整理成内容比较充实的作文。两三次这样的互动记录之后，孩子一般都能找到自己的语言感觉。

写作文时，当然使用黑色笔或者蓝色笔。彩色笔在学习与互动的过程中要发挥特别的作用。

同伴、父母看到习作中的不足之处，要用彩色笔写出意见。如，"建议你在这里把动作细节描写得更具体一些"，动作细节是眼睛看见的，所以用红色笔来写建议；"如果增加人物的对话，表达会更生动"，对话是耳朵听到的，所以这句话要用蓝色笔来写。小作者也用相应颜色的笔，对自己的作文进行修改。

让彩色笔动起来，与伙伴共同进步。

我们也可以先阅读本书附录中《春芽的故事》《听到花开的声音》，从中了解如何写出好文章。

希望同学们做主动的学习者——在行动中创造自己的精彩故事，在习作中记录自己的精彩故事和独特体验。这样，你就会让自己成长为更优秀的人、更美好的人。

目 录

目 录

彩色笔动起来

邓湘子倡导的"发现阅读"理念，希望同学们在阅读过程中打开感觉器官，激发情感，激活思维，用心体验审美、思考、感悟和发现的乐趣。建议同学们运用彩色笔，开展"找一找"创意活动，找出优秀作品中的元素构成。

1.找一找语言

阅读，是从语言进入到作品的内容和思想中去的。尝试使用不同颜色的笔，把不同的语言标示出来，加以考察。如，把写得传神的动词圈出来，把形象生动的句子画出来，把写得好的细节语言做上记号，把令你感动的句子标出来，等等。这样的语言值得重点阅读和仔细品味。

2.找一找感觉

阅读一篇好文章，找一找作者的眼睛看到了什么，耳朵听到了什么，还有嘴巴、鼻子发挥了感觉，写出哪些是表示味觉、嗅觉的句子。有意识地到文章里找一找感觉，把表达各种感觉的句子用不同颜色的笔画出来，从而了解作者使用感觉的秘密。你在观察和体验生活的过程中，可以调动自己的各种感官；在写作文时，你应当尝试运用各种感觉。

3.找一找感情

在阅读过程中，有意识地在文章里找一找感情吧。感情是看不见的，要通过你的思考来寻找。你从细节里、从动作描写里、从景物描写里、从人物对话里，都能找到文字里强烈的感情。

4.找一找思维

"思维"是什么呢? 就是一个人看待问题,进行观察、分析、综合、判断、推理、评价等精神活动的过程和方式。每一篇文章,都是作者思维的结果。作者思维清晰,文章表达才会清晰;作者思考深入独特,文章的思想才会更深刻;作者想象新鲜,作品的美感才更强烈。从文章里找一找作者怎样认识事物,怎样进行分析、综合、判断、推理、想象,对我们形成良好的思维方式是很有好处的,能让我们学会智慧地看待问题,学会分析、综合、判断、推理,很有益处。

5.找一找形象

文学作品的美感和意蕴,总是通过生动的形象表现出来的。在阅读文学作品的过程,尝试找一找形象——找出形象的特征、魅力、意蕴和价值,找出作者如何塑造形象的方法。

上述"找一找"活动,可以一项一项地进行。运用彩色笔,画出文章的语言所表达的不同元素。

让你的彩色笔动起来,在阅读中激活思维,促进精神参与,从而走进"深阅读"的美好境界。

第一辑

亲 爱 的
爸 爸
妈 妈

鸟儿在唱歌

牛 汉

爸爸最喜欢树林和歌唱的鸟。

童年时,一个春天的黎明,爸爸带着我从滹沱河岸上的一片树林边走过。

爸爸突然站定,朝有雾的树林上上下下地望了又望,用鼻子闻了又闻。

"林子里有不少鸟。"爸爸喃喃着。

我并没有看见一只鸟飞,并没有听到一声鸟叫,茫然地望着宁神静气的、像树一般兀立的爸爸。

爸爸指着一棵树的一根树枝对我说:

"看那里,没有风,叶子为什么在动?"

我仔细找,没有找到动着的那几片叶子。

"还有鸟味。"爸爸轻声说,他生怕惊动了鸟。

我只闻到浓浓的苦味的草木气,没有闻到什么鸟的气味。

"鸟也有气味?"

"有。树林里过夜的鸟总是一群,羽毛焐得热腾腾的。

"黎明时，所有的鸟抖动着浑身的羽翎，要抖净露水和湿气。

"每一个张开的喙舒畅地呼吸着，深深地呼吸着。

"鸟要准备唱歌了。"

爸爸和我坐在树林边，鸟真的唱了起来。

"这是树林和鸟最快活的时刻。"爸爸说。

我知道爸爸此时也最快活。

厨房里

（法国）马塞尔

"儿子，把你的脚擦干净！"

我刚一出现在厨房门口，妈妈就对我叫道，她正在擦地板。

"现在，你就是唯一一个把这儿搞得乱七八糟的人了。"她说。

在厨房中间，我哥哥的自行车两轮朝天放着，他正忙着拧一个螺丝，父亲坐在火炉另一边，双脚放在一盆水里。

"这儿没有你洗脚的地方。"妈妈说，"在起居室也有火，为什么你不去那儿洗呢？你们都在这儿，我简直连身都转不过来。"

"起居室里没我洗脚的地方。"爸爸平静地说，他指了指那辆自行车，"等那个小伙子修完车子，你用点儿水就能把他弄的脏印子擦掉。为什么你不让他把那车搬到后院去呢？"

妈妈叹了口气，她总是叹气。的确，这是由我们的行动引起的，并非无可奈何，也并不是抱怨。

"哦，外面太冷了。"她说，又转向我，"过来，儿子。"她拿起我的书包递给我，"你是好样的，去起居室写作业吧，那儿很暖和。"

我也不愿去那空空的起居室。

"上帝啊！"妈妈又叹了口气，"我真是浪费时间，把那火生起来，而你们每一个人都不去那儿。我真希望自己能去那儿，把这厨房留给你们！"

她知道，假如她去了那儿，没几分钟我们都会跟过去的：我和我的书包，我爸爸和那盆水，我哥和他的破自行车。

"哦，是的，我们都在这儿，不是挺好的吗？"爸爸说，"还有什么地方我们能一直看见你呢？"

用什么方法打碎玻璃

（美国）帕蒂·戴维斯

现在，我总是希望再听听父亲的声音和他讲的故事，再看看他那蔚蓝闪烁的眼睛，但是我只能用回忆来鼓励自己。

有一次，我们去牧场的路上，父亲停住车，告诉一个正在山坡上采摘的人说，他采摘的那些蓝羽扇豆是受保护的植物。父亲非常礼貌地解释着，那个人抓起他的非法采摘物，马上从山坡上走了下来。父亲总是希望，无论何时何地，花草和野生动物都拥有自己的归属之地。

我在 5 岁时，就能辨认出哪些是有毒的响尾蛇，并且知道如何躲避它。我也知道，除非万不得已，千万别伤害它。父亲坚信应该让孩子们对生活中的灾难做好准备，否则一旦灾祸发生，恐惧和慌乱将会使他们措手不及。他会给我们设想一些情景，让我们面对和处理。他耐心地教导我们，让我们明白——面对人生危难，知识能够给予我们帮助。

有一次他问我："如果你的睡房起了火，堵住了通往门口的路，你怎么办？"

我在电影里看过许多类似的情景，于是立刻回答道："我会穿过去。"

"那你会死掉的，"父亲平静地说，"当你与火焰的距离近至两英尺，高温就会灼伤你的肺。"

"那我就打碎玻璃跑到院子里去。"

"好，"他点头说，"那你用什么方法打碎玻璃呢？"

"用椅子。"

我几乎立即清楚地意识到，教程的重要部分即将开始了，因为这时的父亲探身对着我，用非常缓慢而认真的语气说着，似乎急切地希望他的忠告能在我的心中扎根。"你拿出一个抽屉，"他这样告诉我，"用它来击碎玻璃，那样，形成的就是一个整齐的缺口，你爬出来时就不会被玻璃划伤了。"

他教会我怎样防御火灾，怎样面对空袭警报和地震，但是他就是忘记了教会我如何承受失去他的悲伤。这些深藏在我内心中的悲伤，真希望还有治愈的可能，可是现在还没有找到……

阅读提示

绿色笔、紫色笔用起来哦！

变来变去的"妈妈"真是与众不同！"我"对"妈妈"的态度有什么变化？为什么？

请用绿色笔画"妈妈"的话语，用紫色笔画出"我"的心情的句子。

与众不同的妈妈

（美国）珍玛丽·库根　汪新华　编译

小时候，妈妈简直就是我的"心腹大患"，因为她太与众不同了。我很早就知道了这一点。

去其他孩子家玩的时候，他们的母亲开门后，说些"把你的脚擦干净"或"别把垃圾带到屋里"之类的话，不会让人觉得意外。但在我家，却是另外一种情形。当你按响门铃后，就会有故作苍老的孩子的声音从门里传出来："我是巨人老大，是你吗，山羊格拉弗？"或者是甜甜的假嗓子在唱歌："是谁在敲门呀？"有时候，门会开一条缝，妈妈蹲伏着身子，装得跟我们一样高，然后一板一眼地说："我是家里最矮的小女孩，请等会儿，我去叫妈妈。"随后门关上大约一秒钟，再次打开，妈妈就出现在眼前——这回是正常的身形。"哦，姑娘们好！"她和我们打招呼。

每当这时，那些第一次来的伙伴会一脸迷惑地看着我，仿佛在说："天哪，这是什么地方。"我感觉自己的脸让妈妈给丢尽了。"妈——"我照例向妈妈大声抱怨，但她从来不肯承认她就是先前那个小女孩。

时间流逝，妈妈的言行没有丝毫变化，但她在我心目中的形象有了改善, 一个偶然事件使我第一次意识到, 拥有与众不同的妈妈是很不错的事。

我家住的那条街, 有几棵参天大树, 孩子们喜欢沿着树爬上爬下。如果一个妈妈逮到哪个孩子爬树, 马上就会引来整个街区的妈妈, 她们会异口同声地呵斥: "下来! 下来! 你会摔断脖子的! "

有一天, 我们一群孩子正待在树上, 快活无比地将树枝摇来摆去, 刚好我妈妈路过, 看到了我们在树上的身影。当时, 大伙儿都吓坏了。"没想到你还能爬这么高, "她大声冲我喊, "太棒了! 小心别掉下来! "然后她就走开了。我们趴在树上一言不发, 直到妈妈在视野中消失。"哇! "一名男孩情不自禁地轻声呼喊。"哇! "那是惊讶, 是赞叹, 是羡慕我拥有这样一个与众不同的妈妈。

从那天起, 我开始注意到, 同学们下午放学回家时, 总喜欢在我家逗留一段时间; 同学聚会也常常在我家举行; 我的伙伴们在自己家里沉默寡言, 一到我家, 就变得活泼开朗, 跟我妈有说有笑。后来, 每当我和这些伙伴遇到成长的烦恼时, 总愿意向我妈妈求助。

我庆幸自己是妈妈的女儿, 我终于喜欢上了妈妈的与众不同, 而且为有这样的妈妈感到十分自豪。

培养一名科学家

（美国）理查德·费曼

在我出生前,我父亲对母亲说:"要是个男孩,那他就要成为科学家。"当我还坐在婴孩椅上的时候,父亲有一天带回家一堆小瓷片,就是那种装修浴室用的各种颜色的玩意儿。我父亲把它们叠垒起来,弄成像多米诺骨牌似的,然后我推动一边,它们就全倒了。

过了一会儿,我又帮着把小瓷片重新堆起来。这次我们变出了些复杂点儿的花样:两白一蓝,两白一蓝……我母亲忍不住说:"哎,你让小家伙随便玩不就是了?他爱在哪儿加个蓝的,就让他加好了。"

可我父亲回答道:"这不行。我正教他什么是序列,并告诉他这是多么有趣呢!这是数学的第一步。"我父亲就是这样,在我还很小的时候就教我认识世界和它的奇妙。

我家有一套《大英百科全书》,父亲常让我坐在他的膝上,给我念里边的章节。比如有一次念到恐龙,书里说,"恐龙的身高有 25 英尺,头有 6 英尺宽"。父亲停止了念书,对我说:"嗯,让我们想一下这是什么意思。这也就是说,要是恐龙站在门前的院子里,那么它的身高足以使它的脑袋凑着咱们这两层楼的窗户，可它的脑袋却伸不进窗户，因为它比窗户还宽呢！"就是这样，他总是把所教的概念变成可触可摸，有实际意义的东西。

我想象居然有这么大的动物，而且居然由于无人知晓的原因而灭绝了，觉得兴奋新奇极了，一点也不害怕会有恐龙从窗外扎进头来。我从父亲那儿学会了"翻译"——学到的任何东西，我都要琢磨出它们究竟在讲什么，实际意义是什么。

那时我们常去卡茨基山，那是纽约市的人们伏天避暑消夏的去处。孩子的父亲们工作日都在纽约干活，周末才回家。我父亲常在周末带我去卡茨基山，在漫步于丛林的时候给我讲好多关于树林里动植物的新鲜事儿。其他孩子的母亲瞧见了，觉得这着实不错，便纷纷敦促丈夫们也学着做。可是这些丈夫不理她们。她们便来央求我父亲带他们的小孩去玩。我父亲没有答应，因为他和我有一种特殊的关系，不想让别人夹杂进来。于是，其他小孩的父亲也就只好带着他们的小孩去山里玩了。

周末过去了，父亲们都回城里做事去了。孩子们又聚在一起时，一个小朋友问我："你瞧见那只鸟儿了吗？你知道它是什么鸟吗？"

我说："我不知道它叫什么。"

他说："那是只黑颈鸫呀！你爸怎么什么都没教你呢？"

其实，情况正相反。我爸是这样教我的——"看见那鸟儿了吗？"他说，"那是只斯氏鸣禽。"（我那时就猜出其实他并不知道这鸟的学名。）他接着说，"在意大利，人们把它叫作'查图拉波替达'，葡萄牙人叫它'彭达皮达'，中国人叫它'春兰鹅'，日本人叫它'卡塔诺特克达'。你可以知道所有的语言是怎么叫这种鸟的，可是终了还是一点也不懂得它。你仅仅是知道了世界不同地区的人怎么称呼这只鸟罢了。我们还是来仔细瞧瞧它在做什么吧——那才是真正重要的。"（我于是很早就学会了"知道一个东西的名字"和"真正懂得一个东西"的区别。）

他又接着说："瞧，那鸟儿总是在啄它的羽毛，看见了吗？它一边走一边在啄自己的羽毛。"

"是。"我说。

他问："它为什么要这样做呢？"

我说："大概是它飞翔的时候弄乱了羽毛，所以要啄着把羽毛再梳理整齐吧。"

"嗯，"他说，"如果是那样，那么在刚飞完时，它们应该很勤快地啄，而过了一会儿后，就该缓下来了——你明白我的意思吗？"

"明白。"

他说："那让我们来观察一下，它们是不是在刚飞完时啄的次数多得多。"

不难发现，鸟儿们在刚飞完和过了一会儿之后啄的次数差不多。我说："得啦，我想不出来。你说道理在哪儿？"

"因为有虱子在作怪，"他说，"虱子在吃羽毛上的蛋白质。虱子的腿上又分泌蜡，蜡又有螨来吃，螨吃了不消化，就拉出来黏黏的像糖一样的东西，细菌于是又在这上头生长。"

最后他说："你看，只要哪儿有食物，哪儿就会有某种生物以之为生。"

现在，我知道鸟腿上未必有虱子，虱子腿上也未必有螨。他的故事在细节上未必对，但是在原则上是正确的。

又有一次，我长大了一点，他摘了一片树叶。我们注意到树叶上有一个C形的坏死的地方，从中线开始，蔓延向边缘。

"瞧这枯黄的C形，"他说，"在中线开始时比较细，在边缘时比较粗。这是一只蝇，一只黄眼睛、绿翅膀的蝇在这儿下了卵，卵变成了像毛毛虫似的蛆，蛆以吃树叶为生。于是，它每吃一点就在后边留下了坏死的组织。它边吃边长大，吃得越多，这条坏死的线也就越宽。直到蛆变成了蛹又变成了黄眼睛、绿翅膀的蝇，从树叶上飞走了，它又会到另一片树叶上去产卵。"

同上一例一样，我现在知道他说的细节未必对——没准儿那不是蝇而是甲壳虫，但是他指出的那个概念却是生命现象中极有趣的一面：生殖繁衍是最终的目的。不管过程多么复杂，主题却是重复一遍又一遍。

我没有接触过其他人的父亲，所以在当时我并不懂得我父亲有多么了不起。他究竟是怎么学会了科学最根本的法则：对科学的热爱、科学深层的意义以及为什么值得去探究。我从未问过他，因为我当时以为所有的父亲都理所应当地知道这些。

我父亲培养了我留意观察的习惯。一天，我在玩玩具马车。在马车的车斗里有一个小球。当我拉动马车的时候，我注意到了小球的运动方式。我找到父亲，说："嘿，爸，我观察到了一个现象。当我拉动马车的时候，小球往后走；当马车在走，而我把它停住的时候，小球往前滚。这是为什么呢？"

"这，谁都不知道，"他说，"一个普遍的公理是运动的物体总是趋于保持运动，静止的东西总是趋于保持静止，除非你去推它。这种趋势就是惯性。但是，还没有人知道为什么是这样。"你瞧，这是很深入的理解，他并不只是给我一个名词。

他接着说，"如果从边上看，小车的后板擦着小球，摩擦开始的时候，小球相对于地面来说其实还是往前挪了一点，而不是向后走。"

我跑回去把球又放在车上，从边上观察。果然，父亲没错——车往前拉的时候，球相对于地面确实是向前挪了一点。

我父亲就是这样教育我的。他用许多这样的实例来讨论，没有任何压力，只是兴趣盎然地讨论。他一直激励我，使我对所有的科学领域着迷，我只是碰巧在物理学中建树多一些罢了。

我母亲对科学丝毫不懂，可她对我的影响也非常大。尤其是，她特别有幽默感。从她那儿我懂得：理解世界的最高境界是欢笑和广博的同情心。

阅读提示

红色笔、绿色笔动起来哦！

谁说一定得唯唯诺诺、言听计从，才是好儿子？勇敢、正直、敢说敢做，那才叫男子汉！你瞧，"爸爸"竟然变了样。

请把"爸爸"被改变的段落找出来。用红色笔画出动作描写的句子，用绿色笔画出对话。

第一次打猎

（美国）阿瑟·戈登　翁显雄　译

父亲问道："准备好了吗，孩子？"杰里米急忙点点头，并把枪捡起。杰里米的手戴着手套，显得笨拙。父亲把门推开，两人一起走进严冬的曙光里，把小窝棚的舒适、煤油炉的温暖、咸肉和咖啡的诱人气味一股脑儿都留在身后。

他们在窝棚前站了一阵，呼出的气体立即变成白色的蒸汽。眼前是一望无垠的沼泽、水面和天空。要是在平时，杰里米就会叫父亲等一等，以便他摆弄照相机，把景物收进镜头，不过今天不行。今天是庄严的日子，14岁的杰里米要第一次打猎。

其实，他并不喜欢打猎。自从父亲给他买了支猎枪，教他瞄着泥鸽子射击，并说要带他来海湾这个小岛打猎，他就不高兴。但他决定要把这件事对付过去，因为他爱父亲，他最希望得到的就是父亲的赞扬。今天早上如果一切顺利，他知道他会受到赞扬的。

来到面海的埋伏点，里面很窄，只放着一张长凳和一个弹药架。杰里米紧张地等待着。

天已大亮。在海湾的远处，一长串野鸭在冉冉上升的旭日的背景下一掠而过。

为了缓和一下情绪，他以水银色的水面为背景给他父亲拍了一张侧面照片。接着他匆忙把照相机放在架子上，拿起枪。

"上子弹吧，有时它们会一下子就飞到你的头顶上的。"父亲看着儿子把枪扳开，装上子弹，把枪还原，也给自己的枪装上子弹，快活地说，"我让你先打。啊，我盼望今天已经盼了很久，就我们两个人……"他突然中止说话，向前倾身，眯缝着眼睛说，"有一小群正向这边飞来。低下你的头，到时我会叫你。"

在他们的背后，地平线上的太阳把整个沼泽地映照成黄褐色，杰里米把一切都看得清清楚楚：他父亲紧张而热切的表情；枪筒上微白的霜。他的心跳得厉害，他心里在期望：不要来，野鸭都不要往这边飞。

不过它们不断向这边飞来。"四只黑的，"他父亲说，"还有一只马拉特鸭。"他听到空中鸭翅振动的呼啸声。野鸭张大翅膀，开始兜圈子。他父亲低语，"准备。"

它们来了，警惕地昂着头，翅膀优雅地成弯形。那只马拉特鸭正在降落。现在，它放下那双橘黄色的腿，准备降到水面。来了，来了……

"好！"杰里米的父亲喊道，他握着枪站了起来，"打吧！"

杰里米机械地服从着命令。他站起来，像父亲曾教他那样俯身瞄准。

这时，野鸭群已发现有人，纷纷四散飞走。那只马拉特鸭好像有线在牵引一样，一下子又飞了起来。它在空中逗留了一秒钟。杰里米想扣扳机，结果没有动手指，那只野鸭此时已乘着气流，一下子飞得无影无踪。

"怎么啦？"父亲问。

杰里米双唇颤抖，没有回答。"怎么不开枪？"父亲又问。杰里米关上保险，把枪小心地放在角落里。"它们这样活生生的。"他说着便哭了起来。

他坐着掩面而哭，让父亲高兴的努力失败了。他失去了机会。

他父亲好一阵子没有说话，在杰里米身边蹲下，说："又来了一只，试试看吧。"

杰里米没有放下掩脸的手："不行，爸爸，我不能。""快点，来，不然它会飞走的。"

杰里米感到一样硬东西触到他，一看，原来父亲递给他的不是枪，而是照相机。"快，"父亲和蔼地说，"它不会老停在那里的。"

杰里米的父亲大声拍手，惊得那只大野鸭抬头振翅飞去。杰里米放下相机。"我拍到它了！"他的脸神采飞扬。

"是啊？很好。"父亲拍拍杰里米的肩膀。杰里米在父亲的脸上并没有发现失望的表情，有的是自豪感、理解和爱意。"没问题，孩子，我就一直爱打猎，但你不一定要有这种爱好。决定不干一件事时也需要勇气。"他顿了顿，"现在你来教我照相好吗？"

第二辑

我　　有
我　　的
的　感　觉

在彩虹与海浪之间

邓湘子

　　香港有一个地铁站名叫彩虹。

　　我去女儿读书的学校，就在彩虹站下车。

　　女儿就读的学校是香港科技大学。校园在香港九龙半岛清水湾的海岸边。

　　跟着女儿在校园里参观，看到校园依山临海。那一栋栋造型各异的校舍，在峭壁山坡上自然形成的平缓处突起。葱茏的植物在开阔的山坡上自由生长，掩映着一座座现代化的建筑。玻璃走廊与三重高速电梯相连，发挥着便利的交通效用。从山顶的图书馆到山下海边的运动场，只需几分钟时间就可轻松速递。

　　这个层叠着"立"在陡峭海岸上的校园，建筑风格与众不同，充分体现了尊重自然、天人合一的设计匠心，给人新奇的美感与意外的惊喜。

　　在女儿上课的教室，她特别喜欢的图书馆，飘着暖香的餐厅，抬眼就看到辽阔的海景，让人顿感心旷神怡。

　　想念女儿时，忽然记起了彩虹站和视野里的那片开阔的海景。我的感觉之中升起一道彩虹，展开一片蔚蓝的海，觉得女儿就在彩虹和海浪之间启航，驶向她理想的彼岸。

阅读提示

请用橙色笔画出表达气味的句子。

用绿色笔画出最后一段"奶奶"的话，体会其中的深意。

前所未"闻"的香味

（美）佛瑞斯特·卡特　姚宏昌　译

你能想象有上百万的小生物居住在山涧旁吗？

如果你低下头俯视那条曲曲折折的小溪，你就会明白，那山涧是一条生命之河。

我像小巨人般蹲踞在溪畔，仔细研究涓滴溪水流到低洼地方时回旋而成的小池沼。青蛙在里头下了蛋，小小的黑点散布在胶状的水晶球里，里头的生命正等待时机到来，咬破球儿投入溪水的怀抱。

岩鲦鱼不时跳出水面捕捉在溪流之间飞舞的麝香虫。麝香虫的味道实在很迷人，当你抓一只放在手里，你就能闻到一股浓郁的气味从手中散发出来。

有一回，我整整花了一个下午，才收集到一小口袋的麝香虫，它们实在是很难捕捉。我把小虫送给奶奶，因为我知道她喜欢好闻的味道，当她自己做肥皂时，她总会放一些芬芳的忍冬在碱水里。

奶奶闻到麝香虫的味道时，模样比我当初闻到时还兴奋。她说她从没闻过这么香的味道。她还说，她实在无法想象自己过去怎么会不知道有这么好闻的虫子存在。

晚餐桌上，奶奶抢在我前面告诉爷爷，她今天发现了一种前所未"闻"的香味。爷爷被奶奶的举动吓得呆住了。我把虫子拿给爷爷闻，他说，他活了七十多岁，从没留心过世界上还有这种味道。

奶奶称赞我做得很好。她说，当你发现美好的事物时，所要做的第一件事，就是把它分享给任何你遇见的人。这样，美好的事物才能在这个世界自由地散播开来。

数不清的月亮

（美国）詹姆斯·瑟伯

　　小公主雷娜生病了，御医们束手无策。国王问女儿想要什么，雷娜说她想要天上的月亮。

　　国王立刻召见他的大臣们，设法把月亮从天上摘下来。可是谁也办不到。

　　小丑穿戴滑稽，全身上下还挂着一串串铃铛。他连蹦带跳，叮叮当当地跑到国王面前，问："请问陛下，有何吩咐？"国王将事情说了一遍。小丑听了，过了一会儿，慢慢地说："陛下，您的大臣们都是具有远见卓识的智者，但月亮究竟是何物，你们的说法不一。不妨问问雷娜公主，她认为月亮是何物。"国王表示同意。

　　小丑连忙去问雷娜公主。小公主躺在床上，有气无力地说："月亮比我手指甲小一点，因为我伸出手指放在眼睛前便挡住了月亮。月亮和树差不多高，因为我常见到月亮停在窗外的树梢上。"

　　小丑又问月亮是由什么做成的。公主说："我想大概是金子吧。"

　　小丑连忙让工匠用金子打造了一个小月亮，送给公主。小公主欢天喜地,病也好了,第二天便下床在院子里玩耍。

天近黄昏时,国王又开始发愁了,心想:女儿见到天上又升起个月亮,岂不又要闹腾?

国王再去请教小丑。

小丑这回胸有成竹地说:"陛下,我们还是问问雷娜公主吧。"

小丑走进小公主卧室内,问公主:"月亮怎么能够同时挂在天空和你脖子上呢?"

雷娜公主笑了,说:"你真傻,这有什么奇怪。我掉了一颗牙齿之后便又长出来一颗新牙齿。采掉一朵花后又会长出新的一朵花。白天过后是黑夜,黑夜过后又是白天。月亮也是这样,什么事都是这样。"

小公主的声音越来越低,她慢慢合上了眼睛,脸上浮出了甜甜的微笑。

小丑给公主盖好毯子,轻手轻脚地走出了房间。

阅读提示

本文展现了一个失去视觉的人感受世界的独特体验。

请用蓝色笔画出描绘声音的句子，用紫色笔画出表达"我"对声音的心理感觉的句子；并从中了解一个不能用眼睛来看世界的人是如何运用听觉认识和体验世界的。

音的世界

（日本）宫城道雄

我住的地方离省线电车道相当远。雨前或天气恶劣时，我便能清楚地听见户外的各种声音。一旦听见在远处奔驰而过的省线的电车声，便知道快下雨了。不仅如此，从日本三弦和琴弦上也能知道。当弦绷紧，声音又不清晰时，就可以预测出虽然今天天气很好，但不出两三天准下雨。

我虽目不能视，但凭各种声响和周围的空气，可以感到早晨、白天和夜间的气氛。

对于大自然的音响，因为自己是搞音乐的，就格外感到亲切。同是风，松涛声、风卷枯叶声、风摆垂柳声、风吹短竹的萧萧声等，各有情趣。

我喜欢雨声，特别是春雨最惹人喜爱。那檐头滴答的雨滴声，沁人心脾。

远处的海啸声、瀑布声、小河流水声、峡谷里淙淙的溪流声、水车徐缓的转动声，全都具有诗情画意。

我还钟爱小鸟。住在喧嚣的京城之中，听不见鸟儿在大自然的森林或树丛中自由歌唱的声音，令人寂寞。而当我心头涌起作曲的兴致，极思沉浸于自然的声响之中时，那种对自然之情，让我坐卧不宁。

自然的声响，可以说无一不是音乐。与其欣赏陈词滥调的诗歌和音乐，不如去倾听大自然的声音，更加令人振奋。我们不论怎么努力，也作不出胜过自然界的作品来。

我最恐惧的声音，要算雷鸣了，没有比它更可怕的。听见在远处发出隐约的隆隆之音，心中便不安起来。等到发出惊天动地的巨响时，令人惊心动魄，不知所措。这时，无人在侧反而更好。那带有威严的强音，渐渐迫近，不知将会怎样。这倒并非因为惜命，总之我不喜欢听那声音。

我夜间常常失眠，作曲也多在人们安睡之后进行。彻夜作曲是常有的事。所以，我对夜间的各种声响感到格外可亲。我尤其喜欢雨夜。雨夜作曲，心绪宁静，头脑灵敏，更易谱出满意的乐章。

有人常对盲人独自一人走路感到奇怪，其实他本人并不像从旁看到的那么不便，习惯了以后，会出人意料地坦然自若。

宽路、窄路、拐角、十字路口，还有屋子的大小，这些可以根据空气的压力和风吹的情况知道。从路口算起第几家是西餐馆，往前是卖留声机的，再往前是澡堂……完全清楚自己所走的这条路。

虽然时常有人牵着我的手，却要由我指点路途。我还常常给汽车司机指路。一旦记牢了，比有眼睛的人还可靠。特别是来到离家不远的地方，马上就意识到快到家了。如果听到邻近的孩子和狗的声音，也许因为熟悉，走起来就更容易了。

此外，外出旅行，随着火车的行驶，我也能想象出景物的变化。听见别人说看见富士山了，凭想象便在自己眼前浮现出富士山的雄姿。我最感到有趣儿的是，火车每次停车时，便能听见来回不断走动的乘客们的乡音。

文明的声音逐渐增多，也是可喜的现象。近来无线电收音机大为流行，这对我们盲人来说实在太方便了。晴天，飞机的螺旋桨发出雄壮的声音在空中飞翔，令人产生一种无法形容的轻松之感。

　　诸如此类，对万物一一侧耳倾听，仔细玩味，声音给你带来的感奋将是无穷无尽的。

比雀斑更美丽

（美国）马克·吐温

故事发生在很多年前的一个动物园里。那时，我和女儿站在一个老妇人和她的小孙女旁边。小姑娘脸上长满了红色的雀斑。孩子们排着队等待本地的一个画家在他们脸上画上动物图案。

"你脸上那么多雀斑，都没有地方画画了。"一个排在后面的小男孩恶作剧地大声对小女孩说。小女孩听到这话，窘得低下了头。

她的奶奶蹲下来，温柔地对她说："亲爱的，我爱你的雀斑。"

"可是，我不喜欢。"小女孩难过地说。

"嗯，真的。当我还是小女孩的时候，特别想要长雀斑，"奶奶一边说，一边用手指滑过女孩的脸颊，"雀斑是美丽的象征！"

听到这话，小女孩抬起头："真的吗？"

"当然是真的，"奶奶说，"为什么不是呢？你能说出一个比雀斑更美的东西吗？"

小女孩用眼睛仔细打量老妇人的笑脸。"皱纹。"她轻轻地回答。

那个画面永远定格在了我心中。当我用爱的眼神打量别人时，我不会看到瑕疵。我看到的，是美丽。

阅读提示

你的童年记忆里，有哪些温暖的词语和亲切的生活场景呢？

请用红色笔画出描写颜色的句子，用紫色笔画出表达"我"对姐姐情感的句子。

世界上最特别的一种颜色

（美国）辛西娅·角畑　　方薇　译

姐姐林恩教会了我说第一句话："基拉—基拉。"虽然我总是把它念成"卡—拉"，不过姐姐能听懂我的意思。"基拉—基拉"在日语中是"亮晶晶"的意思。姐姐告诉我，在我还很小的时候，晚上她经常会带我来到空荡荡的路上，我们俩就那么仰天躺着看星星。她一遍又一遍地教我："凯蒂，跟我说——'基拉—基拉。'"我喜欢这个词！我长大一些以后，我就用"亮晶晶"来形容所有我喜欢的东西：美丽的蓝天啊，小狗啊，小猫啊，蝴蝶啊，还有那五颜六色的餐巾纸。

妈妈说我们乱用这个词，餐巾纸怎么能说是亮晶晶的呢？我们的日语太不地道，妈妈感到非常失望。她信誓旦旦地说，将来总有一天要把我们送回日本去。只要能和姐姐待在一起，我才不在乎把我送到哪儿去呢。

我1951年出生在美国的艾奥瓦州。小时候的事情我知道得很多，那是因为姐姐以前有写日记的习惯。直到现在，那些日记都珍藏在我的床头柜里。

我很想知道，我和姐姐有哪些记忆是如出一辙的，又有哪些是截然不同的。就拿姐姐舍身救我那件事来说吧，那是我记得的最早的一件事了。

那年，我还不到五岁，姐姐快九岁了。我们俩在离家不远的公路上玩。路两旁高高的玉米丛一眼望不到边。突然，一只脏兮兮的灰狗从我们身边的玉米地里蹿了出来，接着又跑了回去。姐姐向来喜欢动物。她立刻跑去追那只灰狗，她那长长的黑发很快就消失在玉米丛中。夏日的天空总是那么清澈湛蓝，姐姐的身影一消失，一股莫名的恐惧感陡然向我袭来。姐姐不上学的时候总是跟我待在一起。爸爸妈妈都要工作，他们就把我托付给住在离我们家不远的一位阿姨照顾，但事实上，真正照顾我的却是我的姐姐。

姐姐跑进玉米地后，我眼前一片茫然，除了玉米丛什么也看不见了。

"姐姐——"我放声大叫起来。其实我们离家并不太远，可我害怕极了，眼泪夺眶而出。

天晓得是什么时候，姐姐嗨的一声从我身后冒了出来，这下我哭得更凶了。姐姐却笑着抱住我，安慰我说："你是世界上最好、最好的小妹妹!"这话我爱听，于是我就不再哭了。

那只狗早就不知跑哪儿去了。于是，我们就躺在路中央，凝望着蔚蓝的天空。在有些日子里，那条小路上根本就没有车，我们可以整天躺在路中间，丝毫不必担心被车子撞上。

姐姐若有所思地说："天空的蓝色是世界上最特别的一种颜色，因为这种颜色深邃却又不剔透。哦，对了，我刚才都说了些什么？"

"你说天空的颜色很特别。"

"噢，大海也一样，还有人的眼睛。"

她转过头来用期待的眼神看着我。于是，我说："是啊，大海和人的眼睛也都很特别。"

就这样，我知道了眼睛、天空和大海这三种与众不同的东西，它们不仅色彩深邃，而且晶莹剔透。我转过身来看着姐姐，她的眼睛深邃乌黑，跟我的一模一样。

第三辑

想在墙上画些东西

露珠照亮的早晨

刘蓉宝

小时候,每天放了学,我要去扯猪草或放牛,好累好累。晚上睡得沉,第二天怎么也起不早。

有一天,妈妈看着我黄不拉几的头发说:"用清早草叶上的露水抹在头发上,头发会变得黝黑发亮的。"

于是,每天天刚亮,我就爬起来,去找草叶上的露珠。

多少个晶莹的露珠照亮的早晨啊,我都早早起来,虔诚地把草叶上的露水往头发上抹。

那个夏天就这样过去了。

我的头发并没有变得黑亮,不过,我就这样养成了早起的习惯。

阅 读 提 示

请用黄色笔画出"外公"说的话，用蓝色笔画出"我"说的话。体会对话的情趣与内容，学习通过写对话来讲述自己与亲人的故事。

听鱼说话

（美国）海·格里费什　韦苇　译

琼儿的外公是个非常有趣的人。他爱钓鱼。

琼儿看外公把蚯蚓挂上钓钩，就说："蚯蚓不疼吗？"

"我来问问它。"外公把蚯蚓拿到面前，对它说，"你挂在钩上，受得了吗？"

接着，外公把蚯蚓搁到耳朵边听了听，然后对外孙女说："它说，没事儿，它说它最喜欢钓鱼了。"

琼儿不相信外公说的，她要自己亲耳听一听。她把蚯蚓放到耳朵边听了听，说："蚯蚓什么也没有说呀。"

"它跟你还不熟呢。蚯蚓的心思我知道，它是急着要下水去钓鱼了。"外公说着就把钓钩往前一抛，蚯蚓立刻沉到水里去了。不一会儿，外公钓上来一条鱼。接着，外公把钓竿递给外孙女，让她也碰碰运气。

琼儿学着外公的样子，把钓钩抛进了水里。没多久，她也钓到了一条鱼，是一条小鱼。

小鱼躺在岸边草地上，小嘴一张一张的。琼儿看着有些不忍心了。

"小鱼好像在说什么。"琼儿说。

"是的，鱼儿真的像是在说话哩。"外公说着，拿到耳边听了听，说，"小鱼说，'拿我做汤，一样很鲜的'。"

"我要自己来听。"琼儿说。

"你能听懂鱼话吗？"外公问。

"试试看吧。"琼儿说着，把鱼搁到耳边听了一下，说，"小鱼说，'我还小呢，放我回水里去吧'。"

外公又惊又喜，说："你说的是真话吗？"

"一点不假。"琼儿说。

"那好，你就把它放回去吧。"外公说。

琼儿把小鱼轻轻放回了水里，看着它尾巴一摇一摆地游远了。

外公又把钓钩抛进了水里，又钓起鱼来。他边钓边说："我还从来没见过学听鱼话竟有像你学得这么快的，一学就会了。"

"下一回，我要学听蚯蚓说话，准也能一听就会。"琼儿说。

走在放学回家的路上

桂文亚

　　你有没有闭着眼睛走路的经验？小时候，我最喜欢做一些"自己和自己玩"的游戏，比如在放学途中，从校门口开始，专心踢一粒石子回家，或是计算火车进站的时间，听到远远的汽笛声一响，便开始从家门口"起跑"，看自己能不能在火车进站前赶上火车，等等。

　　闭着眼睛走路，就是其中一种"自己和自己玩"的游戏。通常，我选择的是一条没有车没有人的乡间道路，除了两旁的稻田，"会动"的东西可能只有草丛里近视的大青蛙和神经质的一碰就跳的蚱蜢，所以，绝对可以大胆地"瞎走"。

　　有一个暑假，我们每天上午都到学校补习——我们那时小学生的功课压力比现在还重，就拿暑假来说吧！五、六年级的学生，每天上午还得到学校上课，唯一的区别，就是可以不穿制服、鞋子，可以自由地穿便服和木屐。

　　我就是那个穿着木屐去学校补习的小学生。下课后，让我最高兴的一件事，就是把脚伸进校门口的小河里"荡一荡"，等经过景美戏院斜对面的那口井，再继续用冰冰凉的井水把脚冲一冲，或者，干脆把自己弄得一头一脸一手的湿。

你一定可以想象得到，那种感觉有多舒服！暖洋洋的太阳晒在湿湿的皮肤上，就像熨斗温柔地熨着一件皱皱的衣服，慢慢地，你可以感觉毛孔畅快地舒张了起来，水气微微地蒸发了，身上散发着一股新鲜味儿。

我仰着脸，闭着眼，让太阳暖烘烘地晒着。这时候，眼前是一片猩红，而这一大片红里，又出现了一个会跑路的小黑点，我闭着眼睛"看"着这个小黑点，小黑点开始逃走，我追着它，一会儿追到上面，一会儿追到下面，脚步也开始加快，我觉得自己快要跌倒了，赶快睁开眼睛，哈！直直的一条路，被我走歪了。

太阳光使人成为发酵的面包，身体逐渐膨胀，光裸的手臂也微微发烫，我甚至觉得有点像过年喝了妈妈酿的葡萄酒，脑子里甜晕晕的。

我试着把手平平地向左右两边伸齐，马戏团里走钢索的小丑不是手里都有一支平衡杆吗？我假装自己正走着高空钢索，一只披着乱发的大嘴狮子正张着嘴，等着我掉进它的嘴里，当作美味午餐……

我想得紧张悬疑，眼见大嘴狮子吃不到又香又嫩的小人肉了，脚下忽然一阵踉跄，不好！我跌进了什么黑洞，怎么软绵绵、湿答答的？

原来，我走进了一片绿油油的秧田里！老天，我的木屐！我叫了起来，木屐陷进了烂泥里，失踪了！

我焦急地弯下身子用手去摸，水汪汪一片浑浊的泥水，摸了半天，什么也没有。

"你在这儿干什么？"农场的老何远远走来，朝着我喊。

"我，"我满脸尴尬地看着自己的一双泥手，"我在找我的木屐。"

"你的木屐？怎么会掉在田中间？"

"我……"唉，怎么说他才会相信，我是因为玩闭眼睛游戏，才走进秧田的呢！

阅读提示

女孩"胆小"的表现有哪些?她是怎样变得勇敢的?

请用紫色笔把描写她心理活动的句子画出来,体会她的心理变化过程。

从流氓兔到蜡笔小新

彭学军

3月的阳光就像女孩的笑容,透亮、明丽又有几分淡淡的羞涩,公路两边的田野泛着一层嫩嫩的绿,时不时地,一大片耀眼的油菜花铺天盖地扑面而来,像是一张黄灿灿的巨幅锦缎,要将人兜头盖脑地裹住。要不,就在远处盛开着一树优雅的桃花,美丽动人,如诗如画。

车里的男孩女孩让窗外3月的景色迷住了,叽叽喳喳地说个没完。学校组织小记者团的小记者们到城郊"希望小学"采访,大家都很兴奋。有几个小记者还是第一次到乡下去,看见公路边一头悠然自得的猪也要大惊小怪。只有坐在驾驶员旁边的一个女孩沉静着。

那是个非常胆小的女孩,她怕黑,怕蟑螂,怕空房子,怕一个人待着,怕和陌生人打交道,怕在有很多人的场合说话……女孩常为自己的胆小懊恼和羞愧,女孩很想改变自己,于是,她报名参加了小记者团。

这是女孩第一次参加小记者团的活动,她首先就给了自己一个难堪。乡里派了一辆中巴来接大家,司机胡子拉碴,头发乱蓬蓬的,样子有点凶。女孩也怕这样的人,可她有意强迫自己坐在离司机最近的位子上。她想从现在开始锻炼自己，说不定到了目的地胆子就大了一点。对了，现在还可以练习练习，试着和司机交谈一下。等会儿还要采访更多的人呢。

可是，第一句话该说什么呢？问他希望小学有多少学生？他又不是校长，他怎么会知道呢？问他昨晚有没有看周杰伦的演唱会？没准他会反问一句：周杰伦是谁？对了，应该问问离目的地还有多远？这是最切合实际的话题了。

女孩瞥了一眼他那张严肃的脸，还没问脸就涨得通红了，心怦怦跳。女孩看见驾驶台上放着一个小闹钟，造型很独特，里面每隔五分钟就有一个卡通造型，女孩觉得这个人和这个钟很不和谐。现在长针快走到流氓兔了，下一个造型是蜡笔小新。女孩在心里命令自己，等长针走到流氓兔，一定要开口说话……

不过，好像也不用问了，公路两旁的房子已多了起来，马上就要到了。

可就在这时，女孩感觉到车子不对劲了。它跑得很快，快得有点可疑，前面是一道长长的缓坡，但它一点也没有要减速的意思。风呼呼地灌进车里，车里的人兴奋得哇哇乱叫——当然女孩除外。

女孩看见司机的脸已不仅仅是严肃，更多的是紧张、恐慌，他的额角渗出豆大的汗珠，脸渐渐发白……

一个十分危险的念头闯入了女孩的脑海——刹车失灵了！女孩不禁浑身颤抖起来，尖叫声就要冲出喉咙的一瞬间，女孩突然意识到了什么，将它生生地逼了回去。

"故事的小黄花

从出生那年就飘着

童年的荡秋千

随记忆一直晃到现在……"

后面的同学对迫在眉睫的灾难一无所知，他们开心地唱着周杰伦的歌。

女孩想，要是让他们知道了，一车人还不都乱了起来？司机会更不知所措。女孩紧紧地环抱住自己的两条胳膊，努力使自己不要发抖。可是，情况越发不妙了：车拐了一个小弯，远远的，公路一端出现了一大群人，像是在赶集，把公路挤得只剩下很窄的一条。一辆吉普车正很艰难地往前开，而这辆车依旧毫不减速地朝那辆吉普冲去……

女孩觉得自己快要崩溃了，好像再也无法承受这巨大的恐惧，可她仍然死咬着嘴唇，不让自己发出一点声音。离吉普车已经很近了，女孩正要绝望地闭上眼睛，突然看见公路旁边岔出一条小路，路上堆了一大堆沙子，女孩心里一动，凑过去悄悄地对司机说："往那堆沙子开。"

司机立即明白了女孩的意图，他一打方向盘，车子拐进小路。好像只有几秒钟的时间，车子就一头闯进了沙堆，卡住了，终于停了下来。

车子里立刻人仰马翻，乱成一团。司机定了定神，正要说什么，女孩站起来，说："车子走错了路，撞坏了，前面就是学校了，我们走吧。"

女孩正要下车时被司机叫住了。司机还没有完全从刚才的惊骇中回过神来，他喃喃地说："小姑娘，今天多亏了你，你的胆子真大！"

女孩一愣，然后羞怯地一笑。她瞥了一眼小闹钟，长针正好指着蜡笔小新。从流氓兔到蜡笔小新，才五分钟，女孩的胆子空前地变大了。

其实，在人的一生中，一些惊人的变化会在很短的时间里完成，短到从流氓兔到蜡笔小新。

阅 读 提 示

　　兰迪·鲍许想要"在墙上画一些东西",他的父母亲是怎么做的?请用蓝色笔画出描述"父亲"的句子,用橙色笔画出描述"母亲"的句子。用绿色笔画出最后一个段落里朋友说的话,并理解它的含义。

我想在墙上画些东西

(美国)兰迪·鲍许

　　我有一种冲动,想把脑海中的想法泼洒到卧室的墙壁上。我请求父母允许,我对父母说:"我想在墙上画些东西,一些对我很重要的东西。"这个解释对父亲来说足够了,他总是以微笑的方式激发我们的创造力,他理解我以非常规方式表达自我的需要。母亲对我的这种胡闹并不怎么赞成,但当她发现我是那样激情迸发时就改变了态度。

　　在我姐姐塔米、朋友杰克·谢里夫的帮助下,我用了两天的时间在卧室的墙上绘画。父亲坐在客厅里读报纸,耐心地等待着我的画作露出面目。母亲一次次蹑手蹑脚地走过来,企图偷偷看上一眼,但我们关上了房门,像拍电影的人说"清场"那样。杰克和我画了一个大大的银色电梯门,旁边是枚有尾翼的火箭,不远处有一艘隐藏在水中的潜水艇。我还画了一面白雪公主后母的魔镜,在上面写上一行字:"还记得我对你说你是最美丽的吗?我是在撒谎!"塔米画的是象棋子,因为我酷爱象棋。我们还画了潘多拉魔盒。希腊神话中的潘多拉得到一个魔盒,里面装着世界上所有的邪恶。她违背了不准打开的命令,当盒盖被掀开时,邪恶传遍了全世界。我一直为这个故事的乐观结尾所吸引：留在盒子底部的是"希望"。因此，我在自己画的潘多拉盒子里写下了"hope"这个词。当时是 20 世纪 70 年代末，我们还在门上写了"迪斯科真烂！"

　　这间屋子给所有来访的朋友留下了深刻的印象。"真不敢相信你的父母会让你那样做！"他们说。虽然母亲当时并不高兴，可她从来没有再粉刷我的卧室，甚至在我搬出去住的几十年里都是如此。随着时间的推移，我的卧室成了所有来访客人参观的焦点。

第四辑

那些
难忘的人

阅读提示

被作者"怀念"的人有什么特点？请用紫色笔把相关的句子画出来。

怀 念

邓 攀（初一写）

"56号，56号！"数学老师随口点着学号，"上来做题！"可是，没人站起来。"56号不是黄橙吗？"大家议论起来。"我来，我来，瞧俺的厉害！"腾自告奋勇冲了上去，"嘿，忒容易了。"大家被他逗得前俯后仰，但我的心里却充满对黄橙的怀念。

其实，我与黄橙关系很一般，就连她去美国的消息，我都是从丽那里知道的。

我认识黄橙不是通过与她的交流，而是凭一本冷清的"数学作业登记本"。我是数学课代表，自然要担起每天登记缺迟交作业的人的任务。黄橙可是迟交作业的常客，我统计了一下，有时一个月有15次迟交。我一直以来就不大喜欢同这样的人交往，对她敬而远之。

第二学期的时候，大家对她的态度有了180度的转变，就连平时对她不大理睬的我也有点重视她了。后来，我发现她越来越忙了，随着她出国日期一天天逼近，要她"手迹"——她所画的精美绝伦的日本漫画——的人越来越多。我也想争取一张："黄橙，你能帮我画一张吗？"我等待着一个否定的回答，以我平常对她的态度……"我不知道，找我要画的人太多了，我如果画得过来一定帮你画！"她抬起头，灿烂一笑。

就在她出国的前几天，她突然变得很大度，除了数学，其他课上都能看到她的身影。她在心理课对母亲的理解与关切，在语文课中的发言，在美术课中对艺术的了解，都使我莫名地激动与感动起来。

写到这里，我觉得很惭愧——作为一个与她同窗半载的同学，我竟然找不到一个词语来概括、形容她！但是，我又是多么怀念她。

黄橙，祝你幸福！

阅读提示

　　梦想社区有什么特点？请用红色笔把描述它的特点的句子画出来，用紫色笔把表达"我"的感想的句子画出来。

梦想社区的钥匙

邓湘子

　　年前有那么几天，我的口袋里揣着一枚钥匙，用来打开梦想社区某栋二楼的一套住房的门。

　　梦想社区在台北市汐止区湖前街，一个远离城市中心的生活小区。这个社区里，建筑物的墙面偶尔亮出一幅绘画。楼栋之间不时出现一些可观之物，或摆着一个童话小屋，或耸立着一个废铁铸造的立体雕塑，或用木板做了一个麋鹿造型。这些艺术品安静地分布在小区内，就像那些树木一样自然地生长。

　　我尤其感兴趣的是，有几栋居民楼的一层，竟然被做成了风格各异、功能不同的车间，或车床轰鸣，电弧光闪烁；或炉火正旺，有人在烧制玻璃作品；或颜料斑斓，有人在绘制图画……正在操作各种奇异工具的那些人，多数是高鼻子蓝眼睛的欧美艺术家，小区里随处可见的那些艺术品多出自他们之手。

　　这里不是艺术工厂，而是普通的居民小区。居民带着孩子走出自己的家门，就能看到那些正在动手创作的艺术家，看到他们几天或半月完成一个作品的过程，如果有疑问，当然可以与他们进行交流。如果孩子想做一个玩具或艺术品，就到那些车间里动手尝试，且能找到专业人士当面请教。

这些艺术家就住在小区的某个房间里，他们的口袋里装着一枚梦想社区的钥匙。梦想社区的开发商成立了一个文教发展基金会，留下几套房间，专门邀请世界各地的艺术家来居住和创作。

奇妙的是，我也是作为艺术家来到这儿的，也得到了一枚梦想社区的钥匙。与我同行而来的人，有来自北京的李东华、王慧艳、翌平，有来自上海的殷健灵，有来自山西的刘慈欣，还有来自黑龙江的孙莉，作为大陆儿童文学作家访问团，来观摩梦想社区的"故事嘉年华"活动。我们为此排演了一台童话剧，要深度参与到社区活动中去。

"故事嘉年华"活动拉开序幕，室内小剧场，阳光下的坪地，树林间的空地，上演一台一台节目，孩子们像过节一样兴奋。不少家长担任志愿者，使活动开展得井然有序。来自日本名古屋的艺术家高桥一元先生，独自表演白板剧、玩具剧和木偶剧。来自荷兰的三名表演艺术家，在小区户外的坪地上表演绘本剧《是谁嗯嗯在我头上》，十几页一册的绘本内容，他们表演了四十多分钟，孩子们不时发出激动的尖叫声。来自捷克的艺术家在树林边表演情景剧《捷克森林》，带来浓郁的欧洲风情。来自美国的导演指导《一万个穷人》木偶剧的排练与表演，这是小区常演常新的保留剧目。我们排练的童话剧，在室内小剧场表演。科幻小说作家刘慈欣说这是他人生第一次登台演剧。他扮演剧中的魔鬼角色，戴着个穷凶极恶的面具，演得极其投入，博得了孩子们的热烈掌声。

梦想社区的特色，是重视社区文化建设。我们了解到，业主要在这里买到一套房子，首先得做两年志愿者。这个社区要用两年的时间来考验一户未来的居民，也让选择入住的人有机会充分了解社区的文化特色与价值取向。由此看来，要长期拥有梦想社区的一串钥匙，还真不简单。

阅读提示

　　"他"一路行走，一路想着心事。请用红色笔把描写"他"有关"走"的句子画出来，用紫色笔把描写"他"心理活动的句子画出来。

走在大街上

邓湘子

　　走在热闹繁华的大街上，这个乡村汉子只顾避着迎面走来的行人，生怕背上的被窝卷碍着别人走路。满头的热汗融化不了他头发上的霜雪，南国的太阳即使在冬天也这么暖和，让他全身燥热。

　　街道两旁豪华大厦林立，衣着鲜亮的男女熙来攘往，唤不起他好奇的打量了。他对这座城市熟悉得差不多就像自己的乡村，好些气派非凡的建筑，如同地里那些他施过肥的庄稼一样，是他的汗水浇灌出来的。他有的只是力气，幸亏这城里有着不少的力气活儿，让他一待就是好几个春秋。让他感到不安的是，随着一片片高楼拔地而起，他干活的方式有了不少的变化，先前是在建筑工地挑砖、拌水泥，后来给装修队挑瓷砖等各种材料。他做工的地点从一处挪到另一处，路程也越来越远了。他生出一些惶恐，担心所有的力气活儿会被像他一样流汗挣钱的人做完了，很难找到新的流汗去处了。他的儿子还在中学里，还需要他挣钱给生活费。

　　现在他急急地走着，就是从刚完工的一个工地赶到另一个新的工地去。两地间的距离，乘公共汽车要经过好几个站，不需要换车，一块钱车费就到了。他的口袋里揣着这一个月挣的工资，但他舍不得拿出一块钱来投进公共汽车的投币箱里，宁愿背着被卷儿走这段路程。他想，如果在家乡的山里，这段路不就是从他的家里到他最远的那块责任田的距离吗？到田里去还得挑着猪牛粪。省下这一元钱，儿子就多了一张菜票，或者能买支铅笔。

想起儿子，这个背井离乡的庄稼汉心里就有了劲头。他的儿子学习成绩不错，也许有朝一日，儿子会像他希望的那样，能坐在城里亮晃晃的办公室上班。他可不是胡思乱想，他们村那个在城里捡垃圾的满老倌，儿子考进京城里去了。他的儿子不比满老倌的崽差到哪里去。他在做工的间隙，比如在高高的脚手架上喘口气的当儿，把瓷砖挑上几层高的房间里抹汗时，会凝望城市的楼群，想象着儿子的美好未来。

走得口渴起来了，这城市的路途人多拥挤，磕磕碰碰，还比不上乡村的路好走。要是在山里，走路渴了就在路边掬一捧山泉解渴。街边有各种各样的饮料出售，那可不是他能喝得起的。他只是擦了擦汗，把口渴的感觉忽略过去了。

拐过了一个街角，又穿过一个人来人往的菜市场，那个工地很快就要到了。他走得一身都出了汗，心里却有些高兴，就像在这个城里经历过的许许多多事情一样，挺一挺也就走过了。

阅读提示

　　与"徒步观察者"的对话过程中，"我"的感觉一直在发生变化。比如："我从不知道蜘蛛网这么漂亮！""原野变得新鲜起来。"……这是为什么？请用紫色笔画出这些句子，并对它们进行思考和理解。

　　你觉得"徒步观察者"是怎样的一个人？作者是怎么刻画这个人物形象的？

春雨滴答滴答下

周　静

　　我躺在稻草堆上发呆。雨天的稻草棚显得格外安静，雨点滴滴答答，围住了这个小小的空间。稻草棚靠近田野，我可以在这里静静待上一整天。

　　"你好——"

　　陌生的声音。妈妈说，不要随便和陌生人搭话。我没发出声音。

　　"你好——"一个高高的影子探头进来，他背对着光，我看不清他的样子。

　　"你好，"他继续说，"你是人，还是一只小狗？"

　　妈妈说过，要礼貌地回答人人的提问。

　　"我是人。"我解释道。

　　"哦，看来我打搅你了。"那人说，"我很抱歉。我在雨中走了这么远，全身都湿透了，我得在这里避避雨。"

　　他全身都湿嗒嗒的，我现在能看清他肩膀上搭着褡裢，就是流浪汉常背的那种。

　　"你是流浪汉吗？"我问。

"嗯——人们会这么称呼我，但实际上，我是——"他慢慢地，一个字一个字地说，"徒——步——观——察——者——"

"哇——"我说不出话来了。

他放下褡裢，从里面掏出一个塑料包，展开，拿出一盒火柴。

他用手把满地细碎的稻草和枯枝扫到一边，清理出一小块空地，然后抓起一把稻草拧成一团，用火柴点燃。

"给你——"我递给他一些干柴，那是我捡的，我总想在这里烧一堆篝火。妈妈说，我也许会把整个棚子给烧了，所以干柴一直留在那里。

"谢谢。"他烧了一堆小小的篝火。我们围着火堆坐下来，谁也没说话。

滴答滴答滴答——雨声越来越密集了，田野迷蒙在一片雨幕里。

他的头发和胡子都乱糟糟的，衣服也很破旧，一双筷子从褡裢的前口袋里伸出来。不过，他的眼睛看上去很和善。

"你打过狗吗？"我小心翼翼地问，"我是说那种喜欢叫的、很凶的狗。"我们家的黑狗看到来了客人可兴奋了，总是嚷嚷个不停。一次，哥哥的一个同学来我们家，黑狗冲他亲昵地叫嚷，他倒好，拿起棍子就扑了过去。妈妈可不高兴了，她说，不龇牙的狗怎么能打呢！

"打过。狗要是龇牙，我就用棍子打它。"他说，"我见过许多狗，知道怎么分辨它们。狗一般都是好狗。"

他是个好人，我在心里说。

"什么是徒步观察者？"

"走路观察世界的人。"他从褡裢的另一个口袋里掏出一个破旧的军用水壶，喝了一口水。

"观察世界？"我探出头，看看稻草棚外熟悉的村庄和田野，这就是世界吗？

"是的，我一路都在寻找没有看到过的新鲜的东西。"他又喝了一口水，

"当然，我也寻找我熟悉的朋友。看到他们，我很愉快。"

这话很奇怪，我有点不明白。我装模作样地点点头，担心他发现我不明白就会停住话头。大人们喜欢这样。他们总是一副"你不明白"的样子看着你，真是的，如果他们总是不说，那我们怎样才会明白呢？

"我们这里有新鲜的事物吗？"我们村子很小，很少有什么新鲜事。有一次，给一头小牛穿鼻子，绳子没系稳，它挣脱出来，冲进原野里，踩坏了好几块地。这事被说了半年。

"当然。你看，这个稻草棚我就从没看到过。"这个徒步观察者说，"屋顶铺的稻草下边还垫了一层黑毡，一点雨都不漏进来。"

"是的，暴雨也不怕。风扫荡过来，呼——呼——树枝摇晃得厉害，树干都弯了腰，好大的风！闪电劈开乌云，轰隆隆——打雷啦，雨点有豆子那么大，在地上砸出一个个小坑——"我顿了顿，"不过，妈妈不准我在雷雨天气待在这里。你知道，前几年夏天，闪电霹雳而下，把邻居家灶屋的屋顶给烧了。他们家的灶屋也盖着稻草，幸好当时没人在里面。"

"嗯，雷电是天神的咳嗽。我们咳嗽的时候，有时候会看不准的。"我的这个新朋友说。我同意他的观点。

"你走过很远吗？"

"嗯，我走了很长时间，不记得过了多少条河流，爬了多少座山。"

"可是，我们这里没有山。"

"嗯，这里是个好地方，很安静。土地肥沃，随意拔出一根路边的野草，咬在嘴里都是甜的。"

"你走了那么远，也没看到过这样的稻草棚吗？"这太神奇了，这个旧旧的稻草棚竟然是新鲜的事物！

"有时候会遇到相似的稻草棚，但不是这一个。瞧，那里——正好有一张蜘蛛网，雨水溅在上面闪闪发亮。别的稻草棚可没有。"

真的，雨丝润湿了蜘蛛网，在阴沉的淡灰色的空气里，蜘蛛网散发出一种珍珠般莹润的光。那些丝线一丝一缕织出多边形图案，看上去，完美极了。

"我从不知道蜘蛛网这么漂亮！"我惊叹道。

"当然，你再瞧那里——一个松果。"

顺着他手指的方向，我捡到一个干松果，里面一颗松子也没有。

"像朵花，是吗？"他笑着说，"你看，每片'花瓣'都很均匀。"

真的，空空的松果一层层叠加，微微张开，就像是准备绽放的、害羞的花苞。褐色的松果有股淡淡的松香味儿，带着秋日松林的味道。我静静地看着它，想起洒落在松林里的金黄的阳光，想起秋日清晨干爽的空气……

"这附近好像没有松树。"观察者说。

"是的，拐到左边那条路上，往前走上一段，有一小片松林。"我指着稻草棚外，"看到了吗？"

迷蒙的雨使远处的松林看上去有些朦胧。在春天鲜嫩的绿意里，松林翠绿的颜色像是一件过时的旧外套，有点陈旧了。

"有点距离。"观察者点点头，"松果自己可滚不了这么远，或许是只小松鼠把它带到了这里。"

"松鼠？"我惊讶极了。

"是啊，或许是一只喜欢旅行的松鼠，背着它的小行囊，准备去远方。路过这里的稻草棚时，正好遇上了春天第一阵春雨，它就像我们一样，走了进来，蹲在稻草棚里，一边嗑着松子，一边看雨。"

哇，这太奇妙了！一只旅行的松鼠！

"当然，也可能是一只流浪的松鼠把这里当成了冬天临时的家。它住在这里，看雪花飘落，看不远处的松林，看飘着炊烟的村庄。"观察者眯起眼睛，从褡裢里掏出一个小布包和一张泛黄的、破烂的旧报纸，"你介意我抽点烟吗？ 烤着火，身上暖和了，直犯困。"

我点点头，问："松鼠不是住在树上吗？ "

"松鼠一般都住在树上。可是冬天雪下得太厚了，有些老树会被压断。可能这只松鼠就住在这样一棵老树里。"他一边说，一边从布包里抽出烟丝，裹进撕下来的一角报纸里。

冬天是会有这样的事情发生。我似乎看到一棵老松树倾斜着倒在雪地里，一只红尾巴的小松鼠从飞腾着的雪雾中冲出来，背着满包袱的松果，向我跑来。

原野变得新鲜起来。

观察者借了火堆点燃他的烟。

空气里有一丝淡淡的烟草味，有些呛。

"你去过哪些地方？"

"很多。"他说，"有个地方一年四季都是春天，到处都盛开着鲜花，小鸟啾啾歌唱。有个地方一年多数时间是冬天，雪埋住了整个村庄，人们在雪下开出小路。有个地方人们住在石头房子里，那里的石头都是一片一片的，很平整，垒起来不用泥浆。有个地方人们用泥巴夯成厚厚的墙壁，在门框和窗子上画画。有个地方人们不说话，只唱歌。有个地方的人喜欢跳舞，他们甚至干活的动作都像跳舞一样……"

他的声音轻缓，融入了滴滴答答的雨声里。四周很安静。我似乎是待在稻草棚里，又似乎是漫游在一个神奇的世界里。

"我遇到过一个刀匠，他能打出最锋利的刀。我帮他拉风箱，风吹旺火苗，把刀刃烧得火红。临走的时候，他送我一把刀，我没要。有时候，需要砍根木棒，切点蘑菇什么的，我就会想起那把刀。"

他停了停，似乎在怀念那把本来可以属于他的刀。明亮温暖的火苗烘烤着他，湿衣服渐渐变干，冒出丝丝缕缕淡淡的水蒸气。

"在一座山顶上，有个寨子，寨子里有个很老很老的老太婆，她有一把会飞的梭子，织出的布，能带着人飞起来。

"在高高的高原上，有一座月光小城。月光照在小城里，一颗颗金黄的小星星奔跑上古老的石板街上，脚步声叮叮咚咚，好听极了。每个孩子都有一颗星星。"他吹出一串烟圈，就像我吐出一串肥皂泡一样简单，"我也想捉一颗星星，只是想想而已。走在路上，我不能带太多的东西……"

"啾啾——啾啾——"清脆的鸟叫打断了他的话。那叫声婉转悠扬，有一种别样的娇嫩，肯定是只羽毛刚刚长齐的小鸟。

我们静静地听着。

过了一会儿，鸟叫声渐渐远去，听不到了。

"春天啊——"他忧伤而甜蜜地叹息了一声，接着说，"东方的大山里，有一个寨子。寨子里的女人很喜欢绣花，她们把整片整片的春天绣在自己的裙子上。有时候，花实在绣得太多，奔跑的时候，就会从裙子上掉下来，落在泥土里，于是花就有了香味和生命。"

他冲我眨眨眼，我开心地笑了。

"西边的大河旁，有一个村庄，村里人的额头上长着一只蓝眼睛。有的蓝眼睛能看到过去的事情，有的蓝眼睛能看到未来的事情。他们都喜欢给别人算命。"

我只觉得眼前一晃，什么东西滑过我的额头。

"就长在这里。"我的这个新朋友说，冲我挥挥手中的木炭。

我嘻嘻笑起来，似乎额头也真的长出了一只眼睛。

"在一片红土地下，藏着整整一支军队。在满月之夜，他们就会打开轰轰响的沉重大门，从地里走出来，练兵排阵。这片寂寞的、无边的旷野上，鼓声轰隆——"他用拳头击打地面，咚——咚——节奏缓慢沉重。

"在一块黑石头旁,我碰到过一个魔鬼。他长着牛角,躲在黑暗里,很寂寞。我给他唱歌,他笑了。整块石头变成金黄色。他说,那是他第一次笑。

"我还遇到过一个牧羊人,他有一支神奇的笛子。吹响笛子,羊群就会在笛声里跳舞。它们坚硬的蹄子踩在碎石上,碎石就会变成晶莹闪亮的宝石。他常常把宝石藏在蘑菇下,他喜欢听采蘑菇的小女孩欣喜的欢笑声。

"街上有个点灯的人。他踏着夜幕,把灯一盏盏点亮。他说,经过一条小巷时,有个小孩总是趴在窗台上,向他问好。"他弹弹烟灰,"每一盏灯,就像是一朵光明的花。"

……

我入迷地听着:"你真了不起!"

"我知道。"这个流浪的人憔悴的脸上露出骄傲的笑容,"从小我就想去很多地方,看看不同的人,不同的风景。"

他看上去很疲惫,但眼睛神采奕奕,很快乐。妈妈说,看一个人的眼睛就知道他是什么样的人。我看着他的眼睛,觉得他是一个勇敢的人。

不知道他小时候是什么样子?突然,我问:"你有家吗?"

他愣住了,猛地爆发出一阵笑声,笑得咳嗽起来。

我吓了一跳。

他的笑声渐渐低沉,眼睛变得湿润了。

"有——"他说着,深深地吸了一口烟,吐出一个个圆圆的烟圈,"我有家。"

"你的家在哪里?"

"曾经——在一座山谷里。那是一栋木头房子,木头的墙,木头的地板,木头的窗,木板铺的屋顶。太阳出来了,对面的山把阳光挡住,正午才晒到我们的屋子。山上有成片的林子,什么树都有,什么果子都有,甜的,酸的,能做成各种果酱。春天,满山都是笋子和蘑菇……"

"你会回家吗？"

"我的家现在就在我身边，在这里——"他指指自己的胸口，"一直陪着我。或许，有一天，我会回到那座山谷里去。"

他静静地抽着烟，不说话了。

我也不说话。

暮霭渐渐浓重，笼罩了原野和村庄。

"丫头——丫头——"妈妈在喊我。

"我得回去了。"我说。

"我能在这儿待着吗？"观察者问。

"好，待会儿我给你送点吃的来。"

他点点头。

晚上，我给我的朋友送去热腾腾的饭菜。他吃了很多，很快乐。他说我像他遇到过的一个天使。

第二天一早，雨停了，我跑到稻草棚。棚子里静悄悄、空荡荡的，只有一堆灰烬，灰烬旁，放着一个干松果，松果上插着一朵小小的、淡黄色的米菊花。我们都知道，米菊花是春天的花，是天使洒落的笑声。

第五辑

张开心灵的眼睛

闭眼睁眼

邓湘子

　　我喜欢妈妈种的菜园。

　　菜园的竹篱笆上，爬满青叶蓬勃的藤蔓。

　　菜园里绿油油的，生长着各种各样的蔬菜和瓜藤。

　　夏天的晨光里，我喜欢跑到菜园里，去呼吸蔬菜的清香。

　　闭一闭眼，然后张开，我看到迷人的紫色。

　　那是茄子皮上的紫，紫芋茎干上的紫，紫苏茎叶的紫。

　　闭一闭眼，然后张开，我看到甜蜜的黄色。

　　那是大朵大朵南瓜花的黄，一串一串丝瓜花的黄，一条一条土黄瓜的黄。

　　闭一闭眼，然后张开，我看到耀眼的白色。

　　那是长长的白瓜毛茸茸的白，小朵小朵辣椒花的白，一条一条土苦瓜嫩嫩的白……

　　我在菜园里玩着闭眼睁眼的游戏。

　　那些美丽的颜色，在我的眼前翩翩起舞。

阅读提示

　　星光下的大海真够奇妙的！请用一种颜色的笔画出一件奇妙的事，要用到几种颜色的笔呢？请走进夜色里，尝试写出你观察到的夜色中的奇妙景象吧。

星光闪耀的夜晚

（挪威）托尔·海尔达尔　　朱启平　译

　　我们乘着木筏漂越太平洋。

　　晚上我们把小小的风灯放在外面，飞鱼受到光的引诱，就会飞到木筏上来。它们往往碰到了竹屋或者帆，跌落到甲板上。有时候，我们听见甲板上有人突然说话很不客气。那是一条冷冷的飞鱼，很快飞来，出其不意地打到他的脸上。

　　夜晚，星星在热带的黑暗天空中闪耀，我们四周磷光浮动，和星星比美。有一种发亮的单体浮游生物，真像一团烧红的煤块。我们捞起它们一看，原来是小小的晶莹的海虾。

　　有时，海里突然冒出两只圆圆的、发亮的眼睛，就在木筏旁边，毫不闪动地，像要催眠似的一直瞪着我们。这样的客人常是大乌贼，它们那鬼怪般的绿眼，在黑暗中闪闪如磷火。有时这些发亮的眼睛是深水鱼的，它们只在夜里浮上来。有好几次海面平静的时候，绕着木筏的黑水中，忽然浮满了圆圆的头，每个直径两三英尺，躺在那里一动也不动，用大大的、发亮的眼睛瞪着我们。又有的晚上，水里游过直径三英尺多的发光的球，不时一亮一亮的，好像是在打电筒。

阅读提示

　　本文写了一个具体的劳动环境和场景，写得有声有色，形象生动。请用红色笔画出有关颜色的描写，用蓝色笔画出表达声音的句子。

　　请想一想，作者描写车间表达了什么样的感情？结尾写到"肤色白净的姑娘"，有什么作用？

锻造车间

（尼加拉瓜）鲁本·达里奥　朱景冬　译

　　从附近一幢房子里传来一阵金属的有节奏的声音。

　　在一个狭窄的房间里，在满是油污的黑板似的墙壁之间，有几个人在打铁。

　　一个人管拉风箱，火炭噼啪作响，火花打着旋儿飞扬，火焰像白舌、金舌、蓝舌，光辉耀眼。在把长长的铁棒烧红的烈火的光亮中，几个工人的面孔上闪着颤动的反光。

　　三台在粗糙的支架上连接在一起的铁砧忍着把烧红的铁棒砸扁的男子们的锤击，红色的火花似雨飞溅。锻工们穿着敞着领口的羊毛衫，扎着长长的皮围裙，看得见他们的粗脖子和毛茸茸的胸口。巨人般的手臂从肥大的袖子里伸出来，像阿米科（古希腊神话中的人物，擅拳击）的胳膊似的，隆起的肌肉仿佛被激流冲击、磨光的卵石。在漆黑的屋里，在火焰的光芒中，他们的身躯就像独眼巨人。

　　在一堵墙上的小窗口里，勉强透进来一束阳光。在黑框子似的入口处，一个肤色白净的姑娘在吃葡萄。在那种布满油污、煤一般黑的背景上，她那消瘦、光洁、赤裸的双肩显露出它们那美丽的、透着几乎难以察觉的金色的百合色。

阅读提示

学习陶瓷手艺的少年树耳在淘洗黏土的过程中，第一次获得了美妙的手感体验，这对一个陶瓷制作者是极其重要的感悟和体验。请用黄色笔画出描写手感的句子。

手指上的奇妙感觉

（美国）琳达·休·帕克　陈蕙慧　译

树耳一如往常地在手指尖搓揉着沉淀物，突然间，他的指尖传来一种奇妙的感觉。不知道为什么让他想起有一次在山区里的经历。那天，他在砍柴中途稍作休息，并睁大眼睛凝望着翠绿的森林，蓦地发现一头鹿出现在他视野内。那头鹿一直站在那里，他的目光也一直对着它，但直到最后一刻他才确切地察觉到它的存在。

现在的情形也一样，他唯有用手去感觉而不是靠眼睛看，才能捕捉到这种黏土的手感——细致、柔顺、平滑，不过还是稍微不完美。

树耳僵住了，除了握着黏土的指尖外，他整个身体都僵住了。究竟是什么让他下这样的判断呢？他找不到适当的词汇来描述他的体会。手中的黏土已经丝毫没有粗糙的感觉了，然而他知道必须再一次淘洗——或许两次……就像是突然间看出那一头鹿——清晰的影像从一个朦胧的梦中渐渐浮现。

当他再一次淘洗黏土时，那种感觉就像是他从那个梦中醒来一般——倘若用一场梦能正确描述他是如何了解黏土的话，这才是难以理解的神奇。

如果这个梦可以让他知道黏土还得再淘洗，那么这个梦就可以明确地描述出他是如何理解黏土的秘密的。

阅读提示

红色笔动起来哦！

只写"爸爸"的帽子，就把"爸爸"的特点和性格写出来了。
嘿，粗心的爸爸，有趣的"爸爸"！请用红色笔画出描写"爸爸"的
细节。

爸爸的毡帽

（美国）琼·维尔金斯·斯通　巫和雄 译

爸爸短短的棕色头发上，总是盖着一顶费多拉毡帽。

工作时，他会戴一顶灰色毡帽——有时几粒麦子混合着拖拉机油会
嵌在帽檐里。穿礼服时，他会戴一顶棕色毡帽。在星期天悠闲地驾车游玩，
或是在夏夜看西部牛仔电影时，他则戴上一顶米色毡帽。

这些帽子挂在厨房后门外面的帽钩上，排成一排。一样的尺码，一样
的形状，一样的气味——老香味牌香水混合着卫宝香皂，还有他用来抹平
乱发的布里尔发油的一丝气息。

在家里他从不戴帽子，但一旦走出门，帽子总会戴在头上或者拿在手
里。碰到女士，他会触帽致意。走进建筑物时，哪怕是邮局，他都会摘下
帽子。他的仪态无懈可击，但没有帽子他就觉得不舒服。我们去看电影时，
母亲让他把帽子放在车上，而他宁可拿着，放在腿上。

一次，我们全家去逛百货商店。我们帮爸爸挑一顶新帽子。他把那些
帽子试了又试，要么大小不合，要么颜色不对，或者帽檐太窄，或者镶边
不配。就这样，他试了一顶又一顶，售货员开始不耐烦了。爸爸终于发现了

一顶完全合意的帽子，咧开嘴笑着将它拿给妈妈看。我们都如释重负地舒了口气。

妈妈看了帽子后，说："泰德，那是你自己的帽子！"

捉阳光

（瑶族）陶永灿

　　禾场的竹椅上坐着一个女人。女人手里握着一面小小的镜子，把阳光折射到屋檐下的阴凉里。灰黑的墙壁上，随即显现出一个光亮的小圆球。

　　一个孩子一边打着哈哈，一边举着小手去捉那个光球，眼看要捧住了，不料光球一转，跑到了脑后。稍稍寻找后，孩子又嘻嘻哈哈地扑上那亮晃晃的小东西。快要捉住它时，调皮的光球又跑开了，一忽儿升高，一忽儿下沉，一忽儿朝左，一忽儿朝右。孩子呢，一点也不气恼，一点也不知道累。

　　忽然，孩子扑倒了，趴在地上哇哇地哭。

　　女人直了直身了，似乎要去扶他，然而并没有起身，慌乱中，一根拐杖倒伏在地，两只软绵绵的裤管荡了荡。

　　我明白她没有起身的原因了。女人复又拿起镜子，把温暖的阳光直接折射到孩子的眼前，并且一跳一跳的，很逗。果然，孩子马上停止了哭，并勇敢地爬了起来。

　　女人始终背对着我，我一直无法看见她的任何表情。不过，我想这并不重要。

亮亮的光球又跑动了。孩子拍拍手,继续小跑着追上去,去捉那一缕用爱心滤洗过的阳光。

这是我偶尔遇到的一幅画面,在一座农舍前。其时,檐口上还挂有高粱球、玉米棒子以及红辣椒串……

走近松花湖

邓湘子

踏上东北土地，我的意识里浮起了以前唱过的《松花江上》的旋律，而且记起了与这首歌有关的一个典故：一位不懂中文的外国友人在初次听到这首歌时被深深地打动了，他说，这首歌表达了一种深切怀念的感情。

我第一次来到东北，走到了松花江两大源头之一的松花湖。

松花湖是东北最大的湖，距吉林市约 20 公里，这里有一个著名的丰满电站。

夏日的松花湖，湖水澄碧，波光闪烁，两岸草色青青。坐在游船上，偶尔见到岸上草地点缀着红的黄的牛羊。这真是一派江南水乡的明媚景象。当地的朋友介绍说，松花湖其实是一个人工建成的水库，它的湖底淹没了大片大片的原始森林，那些古树至今屹立不倒，也不腐烂。这让我立即浮想联翩，觉得自己所乘的游船有如飞船，游弋于古森林的上空。那些倔强地站立在水底的古树，有如一片片撑天之手，气势浩大而壮观。

然而，当地的朋友接着说，丰满电站及蓄水的松花湖，是日本侵略者占领东北时修建的。当时成千上万的东北老百姓在侵略者刺刀的驱使下从事繁重的劳动,无数不幸者累死在湖水已经浸没的工地里。

我的心情因此沉重起来。我的耳畔又响起了《松花江上》沉重、悲壮而深切的旋律,感到湖底那些屹立不倒的古树,正是历史幽深处屈辱者挣扎的手。时光和湖水淹没了往日的旧迹,但那些痛苦挣扎的手从历史的深处伸向苍天,诉说民族曾经的苦难,使澄明浩荡的松花湖拥有着历史的深度和悲壮。

亲近大自然

（美国）海伦·凯勒

　　1887年3月，莎莉文老师走进了我的生命，让我在井房里张开了心灵的眼睛。其间各种往事至今记忆犹新。我整天用手去探摸我所接触到的东西，并记住它们的名称。我探摸的东西越多，对其名字和用途了解得越细，就越发高兴和充满信心，越发能感到同外界的联系。

　　繁花似锦的夏季来临，莎莉文小姐牵着我的手漫步在田纳西河的岸边，望着田野、山坡，人们正在田间地头翻土播种。我们在河边温软的草地上坐下，开始了人生新的课程。在这里，我明白了大自然施与人类的恩惠。我懂得了阳光雨露如何使树木在大地上茁壮成长起来；我懂得了鸟儿如何筑巢，如何繁衍，如何随着季节的变化而迁徙；也懂得了松鼠、鹿和狮子等各种各样的动物如何觅食，如何栖息。我了解的事情越多，就越感到自然的伟大和世界的美好。

　　莎莉文小姐先教会我从那粗壮的树木，那细嫩的草叶，还有我妹妹的那双小手，去领略美的享受，然后才教我画地球的形状。她把对我的启蒙同大自然联系起来，使我同花同鸟结成愉快的伙伴。但是这期间却发生了一件事，让我发现大自然并不总是那么慈爱可亲。

那是一个明朗的清晨，我和老师散步到一个较远的地方。但在我们回家的路上，天气变得闷热起来，好几次我们不得不在路旁的树下小憩。最后一次歇息在离家不远的一棵野樱桃树下。树枝茂盛又好攀登，莎莉文老师用手一托，我就上了树，找个枝杈坐了下来。树上真是凉快舒畅，于是莎莉文小姐提议就在这儿吃午餐。我乐坏了，答应她一定安静地坐在那里，等她回去把饭拿来。

忽然间风云突变，太阳的温暖完全消失了，天空乌云密布，泥土里散发出一股怪味。我知道这是暴风雨来临之前常有的预兆。我感到一种不可名状的恐惧，一种同亲人隔绝、同大地分离的孤独感油然而生。我一动不动地坐着，紧紧地抱着树干，一阵阵发抖，心中祈盼着莎莉文小姐快快回来。

一阵沉寂之后，树叶哗啦啦齐声作响，强风似乎要将大树连根拔起。我吓得抱住树枝，唯恐被风吹走。树摇动得越来越厉害，落叶和折断的小树枝雨点般向我打来。虽然我急得想从树上跳下来，却又不敢动弹。我觉得大地在一阵一阵地震动，像有什么沉重的东西掉到了地上，这震动由下而上地传到了我坐着的枝干上。我惊恐到了极点，正要放声大叫时，莎莉文小姐赶到了，她抓着我的手，扶我下来。我紧紧抱着她，为又一次接触到坚实的大地而高兴得发狂。我又获得了一种新的知识——大自然有时也会向她的儿女开战，在她那温柔美丽的外表下面还隐藏着利爪哩！

经过这次惊险后，我有很长一段时间不敢爬树，甚至一想到爬树就浑身发抖。直到有一天，抵挡不住那繁花满枝、香味扑鼻的含羞树的诱惑后，才克服了这种恐惧心理。

那是春天一个美丽的早晨，我独自坐在凉亭里看书，一股淡淡的香气迎面扑来，仿佛"春之神"穿亭而过。我分得出来那是含羞树的花香。我决定去看看，于是摸索到花园的尽头，含羞树就长在篱边小路的拐弯处。

在温暖的阳光照耀下，含羞树的花朵在阳光下飞舞，开满花朵的树枝几乎垂到青草上。那些美丽的花儿，只要轻轻一碰就会纷纷掉落。我穿过落英缤纷的花瓣，走近大树，站在那里愣了片刻，然后，我把脚伸到枝丫的空处，两手抓住枝干往上爬。树干很粗，抓不牢，我的手又被树皮擦破了，但我有一种美妙的感觉：我正在做一件奇妙的事。因此我不断往上爬，直到爬上一个舒适的座位。这个座位是很早以前别人造的小椅子，日久天长，已成了树的一部分。我在上面待了很长的时间，好像在天空中凌云的仙女一样。从那以后，我常在这棵月宫仙桂上尽兴玩耍，冥思遐想，遨游在美妙的梦境中。

第六辑

蜘　　蛛
爬进了
我的房间

阅读提示

　　哈，"我"成了风景的一部分，对"我"的动作描写与景物描写相融相生！找到"我"的动作描写，用红色笔画出来。想一想，作者是如何观察和描写桃花风景的。

吹一口气

邓湘子

桃树开花了，仿佛一片绚丽的彩色云朵，栖落在木屋边。

溪水在桃树下唱歌，把偶尔飘落的几片桃花带走了。

我走到桃树下，一片桃花落下来，落到我的肩头上。

没有风，四周静悄悄的。只有溪水轻轻地吟唱。

几片桃花无声地落下来。

我张开嘴，吹了一口气，一片桃花被我吹得轻盈地旋转。

又有几片桃花落下来了。

我张开嘴，又吹了一口气，一片桃花被我吹得俏皮地飘飞。

这时候，一阵风忽地吹过来，无数片桃花被吹得漫天飞舞。

这阵风，多么有力量啊。

这阵风，是谁吹的一口气呢？

阅读提示

　　用绿色笔画出"父亲"说的话，并加以理解。

　　用红色笔画出关于"我"的动作描写，用青色笔画出描写味道
和气味的句子。

鸡爪树

陶永喜

　　过年时，要行的礼仪很多。大年三十那天，再忙，父亲也要领着我们去给房前屋后的桃李果树拜年。父亲虔诚地往果树的节疤上塞饭菜，我们跟在他身后毕恭毕敬地作揖，口里念念有词："多结果子，多结果子。"

　　那棵鸡爪树长得十分威武，枝繁叶茂，树干直冲云天。比身材瘦小的父亲高大许多。鸡爪树因它结的果子像鸡爪子而得名。我们把它的果子叫作鸡爪糖，其实就是万寿果。

　　夏天，鸡爪树上满是蝉声。我被小伙伴唆使去捉蝉，他们将我推搡上高高的树杈。后来发现有大人来了，他们便一哄而散。蝉声哑了。鸡爪树上只留下了我的哭喊声。

　　父亲来了，伸出一根竹篙搭在树上。我顺着竹篙下了地。父亲没有骂我，只是说："还哭，哪像个男人！"

　　打霜的时候，鸡爪树淡黄的叶子就开始像蝴蝶一样轻盈地飞舞起来。鸡爪糖也开始噼啪噼啪落下来。熟透的鸡爪糖清甜清甜的，有一股淡淡的酒味。

　　我们也扔石子、用木棒去敲打高高树枝上的果子。我家廊檐晾篙上挂了一长溜扎成把的鸡爪糖。那是我的战绩。我们仍旧往鸡爪树上摔木棒石子。父亲制止了我们的愚蠢行为，他说："也要给鸟雀留呷食！"

蜘蛛爬进了我的房间

（美国）莱斯利·霍尔

　　我在自己的卧室里发现了一只蜘蛛，它的网很小很小。

　　也许那只蜘蛛是在窗户打开的时候从外面爬进来的。或者，它是趴在我爸爸的肩膀上进来的。不过，它到底是如何进来的并不重要。总之，它一来到我的房间里，就决定留下来了。

　　妈妈告诉我，那蜘蛛是一只花园蜘蛛。

　　"有些蜘蛛会伤害你，"妈妈说，"不过这只不会。"

　　我给这个蜘蛛取了个名字。"你就叫斯特拉吧，"我对蜘蛛说，"我叫凯莎。"

　　我很用心地地照料斯特拉。如果看见一只苍蝇，我会"嘘嘘嘘"地把那只苍蝇赶向斯特拉的网。通过这种办法，斯特拉捕获了大量的食物。它非常善于捕食。看到苍蝇，它并不急于上前捕捉，而是远远地站着，直到苍蝇落下，然后才飞快地爬过去。

　　斯特拉的网一天比一天大了，它从很小很小的一张网变成小网，然后大一些，又大一些，再大一些。几个星期之后，斯特拉的网就从窗户的一角

延伸到窗户正中的插销处，再延伸到窗户下面的窗台上。

　　我的妹妹也喜欢观察斯特拉。我的弟弟也是如此。斯特拉对此并不在意。它照样在自己的网上忙碌着。它爬上爬下，吐丝织网。那网似乎每天都比前一天更大一些。

蛙 鸣

龙章辉

　　我家门前，波涌着大片水田。

　　呱呱——呱呱——呱呱呱——

　　夜幕降临，四下里升起了绵延不绝的蛙鸣。如鼓，如潮，拍击着村野的宁静。很多时候，我会在夜阑人寂时披衣起床，呆坐在门坎上，听那蛙鸣如朵朵幽暗的夜之花，在原野上摇曳起伏。迷蒙的月光轻雾般浮在大野上，沁凉的夜气中飘散着阵阵清香。蛙鸣忽近忽远，在月光里奔腾。大音嘈嘈，小音切切，在我的耳膜上弹奏着纯正的乡间音乐。我被这如织的天籁包裹着、缠绕着，真切地感受到了自然的伟力和雄奇。

　　也有人不喜欢这遍野的蛙鸣，嫌蛙鸣搅了他沉迷的梦寐，便亮着手电，拿着蛇皮口袋去田野里捕捉。于是，一只只青蛙猝不及防，失足掉进了捕蛙人虎口般的蛇皮袋子里。

　　四野渐渐地沉寂下来。

　　我的父亲对这种田间地头的苟且之事极为愤慨，他背着手，怒气冲冲地在屋檐下走来走去，嘴里不停地嘟囔着。我理解父亲对青蛙的情感，在生产队当过三年植保员的他常常说，青蛙是稻田里最忠诚的卫士。终于，他停止了走动，转身跑出家门，一路大声斥骂着奔向那缕忽隐忽现的手电光。他定要去看看夜幕下的那张可恶的嘴脸，定要夺下那人手里的蛇皮口袋。然而，没等他走近，手电光就一晃一晃地逃往山那边去了。

梆梆梆——呱呱呱——蛙鼓重又敲响，蛙鸣重又密织。父亲心满意足地回到家里，倒头便睡。不一会，他的房间里就传来了轻雷般的鼾声，与屋外遍野的蛙声欢快地和鸣着。这样的夜晚，让我感到无比温润和踏实。

被蛙鸣环绕的童年，真好！

有一回，我和母亲从田间归来，不留神惊起了一只卧在草丛里的青蛙，只见它纵身一跃，扑通跳进一丘水田里，一蹦一蹦地跳进了浓密的岁月深处。

蚂蚁在干什么

（美国）R.费曼　　吴程远　译

拍拍拍，拍出七彩球

　　在普林斯顿当研究生时，我经常把放大镜放在口袋里。有一次无意中拿出来，观看正在常春藤旁爬来爬去的蚂蚁，一看之下，我不禁兴奋得大叫起来。那里有一只蚂蚁和一只蚜虫。蚜虫是一种害虫，可是蚂蚁都会来照顾它们。如果蚜虫寄生的植物开始枯萎，蚂蚁便把蚜虫搬到别的植物上。在这个过程中，蚂蚁也有好处，就是从蚜虫身上取得称为"蜜露水"的蚜虫汁。

　　这些我都知道，因为父亲告诉过我，但我从来没亲眼看过。我看到的情形是，一只蚂蚁走到蚜虫旁边，用脚拍它——在蚜虫全身上下拍、拍、拍，真是有趣极了！接着，蜜汁便从蚜虫背部分泌出来。在放大镜之下，蜜汁看起来像一个很大、很漂亮、闪闪发光的七彩大气球。之所以成为球状，是因为表面张力作用的关系。至于它会发出各种光芒，却是因为我那放大镜有色差——但总之，那看来真是美极了！

　　小蚂蚁用它的两只前脚，将蜜汁球从蚜虫背上挪下、举起！在它们这样微小的世界里，连水都可以一颗一颗地举起来！我猜蚂蚁脚上可能有些油腻的物质，因此当它把水球举起来时，也不会把球弄破。然后，它用嘴巴把蜜汁球的表面咬破，表面张力便崩溃，整滴汁就一股脑儿流到它的肚子内。整个过程实在太有趣了！

瞧，走成一条直线了

我很想弄明白的一件事是，为什么蚂蚁走过的痕迹都那么直、那么好看。

我在加州理工学院教书时，住在阿拉米达街上的一幢小房子内。有一天，浴盆周围有一些蚂蚁在爬。我跟自己说："这个机会太难得了。"我在浴盆的另一头放了些糖，坐在旁边看了一下午，终于等到有一只蚂蚁找到了糖。这部分不难，有耐性就行了。

一旦蚂蚁发现了糖的所在，我就拿起准备已久的彩色笔跟在它的后头画，这样便可知道它爬行的痕迹是什么形状。当下一只蚂蚁找到糖，开始往回走时，我用另一种颜色的笔来描下它走过的路径。

第二只蚂蚁走回家的路线，比第一只蚂蚁走的路线直得多。随着一只只匆忙又大意的蚂蚁走过这条通道之后，痕迹得到了"改进"，愈来愈直了。

用铅笔跟踪了八到十只蚂蚁之后，痕迹已变成直直的一条线了。这跟画画有点像：首先你随便画一条线，然后沿着它再画几次，一会儿就画出一条直线了。

嗨哟——巧克力

我记得小时候，父亲告诉过我，蚂蚁是多么奇妙、多么合群的生物。我也常常仔细观察三四只蚂蚁，如何合力把一小块巧克力搬回巢里。有趣的是，第一眼看来它们确实是效率奇高、合作得很好的小家伙，但如果仔细看，你会发现完全不是那么一回事。从它们的动作来看，巧克力好像是被什么神奇力量举起来似的，它们各自从不同的方向乱拉，而在搬运途中，其中一只蚂蚁可能还会爬到巧克力上。巧克力不断摇摇晃晃、左右移动，没有共同方向——巧克力并不是平顺快速地运抵蚁巢的。

巴西的樵蚁在某些方面很"优秀"，但它们也有些很有趣的笨习性。樵蚁要费很大力气，才在叶片上切割出一条圆弧，拿下一小片树叶，可是当它辛苦切割完毕之后，却有50%的可能性会拉错地方，使得叶片掉到地上，而不得不重新开始割另一片叶。有趣的是，它们从来不会去捡那些已经被咬下来的叶片。很明显，樵蚁在这方面并不怎么精明。

保卫食物柜

在普林斯顿时，蚂蚁还发现了我的食物柜，找到我的果酱、面包及其他食品。食品柜离开窗户有一段距离，于是经常有这么一长串的蚂蚁雄兵，在房间地板上横行，向我的食物进攻。

有没有什么方法阻止它们侵袭我的食品柜？我想到一个好主意。

首先，我在离它们进入室内入口处8英寸左右的地方，放了一些糖，但它们并不晓得这些糖的存在。然后，再度使用我的搬运技术——每当有带着食物的蚂蚁跑到我的运送器——纸片上时，我就把它带到糖那里去。向食物柜前进的蚂蚁，如果爬到运送器上，我也把它捡起来送到有糖的地方。

慢慢地，蚂蚁找到了一条从放糖的地方走回蚁穴的路，路上的痕迹愈来愈强；而原先通到食品柜的通路，就愈来愈少蚂蚁在走了。我很清楚，再过半小时左右，旧路上的痕迹就会全部干掉；再过一个小时，它们便不会再碰我的食物了。

好玩的是，我连地板都不必擦。事实上，我只不过是把蚂蚁运来运去而已！

第七辑

一个问题
引　　出
新的问题

挑战"标准答案"

郁 尔

班上正在上语文课。一位年轻的女教师正在讲解课文《麻雀》。这是俄罗斯著名作家屠格涅夫的一篇作品。

课文的大意是：一个猎人带着猎狗走在森林中，发现一只刚出生不久的小麻雀从树上掉了下来。猎狗想吃掉小麻雀，突然飞来一只老麻雀，一边发出凄厉的叫声，一边用身子掩护小麻雀，最终吓退了猎狗……

讲完课文，老师微笑着启发同学们："你们想想看，这只老麻雀的行为表现了什么精神呢？"

"表现了伟大的母爱。"一些同学脱口答道。

这是课文的标准答案，书上写得明明白白。

可是，一个男生却提出了几乎无人想到的问题："你们怎么知道这只老麻雀是母的呢？"

大家一愣，随即爆发出一片笑声，似乎在嘲笑他思维的怪异。

那个男生并没有被吓住，继续说："课文中没有任何文字说明这是一只母麻雀，怎么就归到了母爱呢？为什么不可能是父爱呢？"

这时，大家不笑了，将目光集中在老师身上。

老师兴奋地点点头，说："这位同学善于独立思考，发现了一个大问题。我们应该把答案怎么改呢？ 老师想听听同学们的看法。"

同学们听了，都跃跃欲试，热烈地讨论起来。

最后，老师根据同学们的建议，把课文的标准答案改为：这只老麻雀的行为表现了伟大的亲子之爱！

一个问题引出新的问题

林韧石

　　著名特级教师于漪老师教课文《宇宙里有什么》时，课文中有这样一句话："宇宙里有几千万万颗星星。"

　　一个学生提问："老师，'万万'等于多少？"

　　其他的同学听了，都笑了起来。有一位同学说："'万万'不就是'亿'嘛！"

　　在同学们的笑声中，那个提问的同学灰溜溜地坐下了。

　　可是，于老师觉得那位同学的提问，表明了他的学习积极性。她问同学们："既然'万万'等于'亿'，但这里为什么不说'宇宙里有几千亿颗星星'，却说'宇宙里有几千万万颗星星'呢？"

　　这一问，学生们都沉默了。

　　过了一会儿，一位同学站起来说："不用'亿'，用'万万'，有两个好处：第一，用'万万'听起来响亮，'亿'从发音来说并不是很响亮和清楚；第二，'万万'给人的感觉好像比'亿'多。"

　　这时，学生们又笑了。

其实，这个学生的回答是正确的。于漪老师当即肯定了他的答案，并表扬说："你实际上发现了汉语修辞中的一个规律，字的重叠可产生两个效果——一是听得清楚，二是强调数量多。"

同学们都用钦佩的眼光看着那个受到表扬的同学。

于老师见了，说："大家想一想，我们今天学到了这个新知识，是谁给我们的呢？"

同学们听了于老师的话，立即将目光集中到那个提出问题的同学身上。那个提问的同学立即高兴极了。

阅读提示

    伊雷娜·居里敢于质疑，勤于动手，善于思考，真是太棒了。她是如何思考问题的？请用紫色笔画出描写她如何思维的句子。你也可以画出她的思维线路图。

面对科学家提的问题

林吉祥

伊雷娜·居里上学了。

她的妈妈是居里夫人。为了让孩子们掌握更好的学习方法，居里夫人把一些科学家朋友的孩子组织起来，亲自给他们讲课。她还请来一些著名的科学家给孩子们讲课。

有一次，著名物理学家郎之万给孩子们上课。他讲阿基米德在澡堂里的发现——浮力定律。他讲得深入浅出，孩子们都学会了阿基米德的浮力定律，能计算出一个物体的浮力。

这时，郎之万向孩子们提出一个问题：根据阿基米德定律，物体浸入水中的体积一定等于排出水的体积。但是，如果放上一条金鱼，它却不会排出相应体积的水。这是为什么？

孩子们一个个皱起眉头，认真地思索起来。

有的说，金鱼有鳞片，它有特殊的结构，因此，就没有水的排出；有的说，金鱼的身体有伸缩性，它到水里会收缩身体，就不会排出相应的水来；还有孩子说，浮力定律只适用于非生物，不适用于生物。孩子们个个抢着回答，提出了许多假设。郎之万见孩子们思维活跃，脸上露出微笑。

伊雷娜也在思考着。不过，她有自己的想法。她想，金鱼的身体会收缩，如果是一条大鲤鱼，它也会收缩吗？会不会排出水呢？如果是一条大鲸鱼，会不会排出水呢？她开始怀疑老师是不是出错了题。

课后，伊雷娜还在思考。她决定动手做个实验，来验证一下问题的对错。

她找到了一个量筒，倒进半杯水，读了一下量筒的刻度，然后再把一条金鱼放进量筒。哇，一放进金鱼，水面上升了一大截。原来，金鱼也一样要排出水来。

伊雷娜·居里把这个结果告诉了郎之万。

朗之万听了哈哈大笑。他告诉伊雷娜，他是故意出这个有错误的题，目的就是让孩子们去发现错误，打破对老师的偶像崇拜，引导孩子们自己学会思考，自己寻找问题的答案，挖掘孩子们潜在的创造力。

伊雷娜·居里真是太棒了。她长大后，从事科学研究，像她的母亲一样，获得了诺贝尔奖。

课堂上的问与答

林明净

　　湖北《小学生天地》杂志举办暑假夏令营，邀请邓湘子老师去给小营员讲课。小朋友们刚刚参观了东湖，写出了一篇篇观察作文。夏令营的负责人希望邓老师给孩子们上一堂作文讲评课。

　　课堂里坐满了小营员，将近有两百人。邓湘子请小朋友们自告奋勇地到讲台上朗读自己写的文章，然后由他进行点评。小朋友们非常积极，朗读得很好。

　　一个女同学走上讲台，朗读自己写荷花的作文。她刚刚读完，两个男生就大声说："抄袭！抄袭！抄袭课文！"

　　那位女生哇地哭起来，跑到自己的座位，伏在桌子上。

　　邓湘子说："这位女同学的作文里，有几句话大家听起来很熟悉。两个男同学一听，说是抄袭过来的。大家说，两个男同学说得对不对？"

　　"对！"教室里响起很大的声音。

　　"这说明，两个男同学对课文学得好不好？"邓湘子问。

　　"学得好。"大家回答。

　　两个男生可得意了，在座位上坐不住啦，兴奋地晃着身子。

"我想请两位男同学站起来回答我的问题。"邓湘子说。

两个男生高兴地站了起来。

邓湘子说："这位女同学把课文里的句子用到自己的作文里，你们说，她对课文的学习，是不是和你们学得一样好呢？"

两个男生有点不太情愿地点了点头。

邓湘子说："她像你们一样熟悉课文，而且把课文里的句子用起来，用到自己的作文里。你们说，这个女同学是不是比你们更会学习呢？学习的目的就是要运用啊！"

"可是，明明是抄袭……"一个男生嘀咕着。

"写作文的时候，照搬课文里现成的句子确实不好，应当变一变，变成自己的语言。"邓湘子说，"你们要看到，这个女同学课文学得好，而且还有意识地进行运用。敢于运用自己学过的知识，这样做好不好？"

两个男生互相看了一眼，点了点头。

"她敢于运用，可是还不善于运用。"邓湘子对两个男生说，"如果她把课文里的句子灵活变通一下，那当然就更棒了。她现在只是敢于运用，如果你们给她提一个建议，要她善于运用，巧妙地变一变，那么，你们的意见就表达得更好了。你们同意我的观点吗？"

两个男生安静地点了点头。

"谢谢你们同意我的观点！"邓湘了说，"这位女同学课文学得好，又有运用知识的尝试，我建议你们带头为她鼓掌，好不好？"

两位男生带头鼓起掌来，会场里响起热烈的掌声。

那位趴在桌子上的女生抬起头来，用手擦干了眼泪。

把名字写到最高处

邓湘子

我经常找机会到学校里去，坐在教室后面听老师讲课，参加孩子们的各种活动。

有时候，我会走上讲台，和孩子们交流阅读心得，听取他们的建议和意见，有时也同他们玩有趣的游戏。许多次，在不同的学校和不同的班级，我请孩子们讨论：一块石头有多少种用途？

教室里热闹起来，孩子们争先恐后地说着自己想出的答案，亮晶晶的眼睛如群星闪烁。

"可以铺路。"

"能修房子。"

"能修筑大坝。"

"能架成野炊的灶。"

"站在石头上，自己更高了，看得更远了。"

"能当作武器使用。"

"原始人把石头磨成石刀石斧，做劳动工具。"

"有颜色的软石头可以写字画画。"

"能雕成雕像。"

"漂亮的石头能够卖钱,成为商品。"

"漂亮的石头可以作收藏品。"

"能做成挂在脖子上的项链。"

"……"

每一个说出答案的孩子,我都会请他走到讲台上来,把自己的名字写在黑板上。那些名字从黑板的最下端往上写,一个一个叠上去。我鼓励他们要让自己的名字写到最高处。

"请再想一想,石头还有什么用途?"我对逐渐安静的课堂说,"你要努力把自己的名字写到最高处!"

"能做磨刀石。"

"能做成水泥。"

"能烧成石灰。"

"能做成岩石标本。"

"有考古价值,从一块石头能了解地层的年龄。"

"可以成为最珍贵的物品,比如美国的阿波罗飞船从月球上带回的那块石头。"

"如果外星人从地球上带回去一块石头,这块在地球上普普通通的石头,会成为他们那里最珍贵的东西。"

"……"

越到后来,要想出新的答案就越有难度。

我对每一个新鲜的回答都大声叫好。

教室里逐渐安静下来,我问:"平时,你们有没有想到一块石头有这么多的用途?但现在你们想到了,这是为什么?"

"因为大家开动了脑筋。"孩子们说。

我点头说："好极了，开动脑筋，激发思考，一块普普通通的石头，竟会有这样许许多多的用途。希望这堂课也像这样一块石头，投进同学们的心海中，激起更多思考的浪花，发现的浪花。"

最后，我拿出编辑部制作的纪念品——《〈小学生导刊〉快乐阅读笔记本》和文化衫，从写在高处的名字依次往下发给他们。

孩子们得到奖品，兴奋极了。

我想告诉孩子们，我们拥有的许多普通的东西，如果我们使用得当，就会产生更多的全新的价值。比如，一本书，一份刊物，一支画笔，一天的时光，一个成长的自己，也许能够焕发出全新的光彩。

阅读提示

由一个问号引出了一段与生命有着重大关联的心灵探索，你有过类似的疑问与探索吗？

请用绿色笔把最初那个表示疑问的句子画出来，它就像一颗种子，生长出了一个奇妙的故事。你可以根据文章内容画出一棵故事树，用蓝色笔画出心情低落的情节，用橙色笔画出心情兴奋的情节。

记 号

汤素兰

我的妹妹生下来的时候体弱多病，不到一岁就夭折了。人们把她小小的遗体放在一个木匣子里。在匣子盖钉上之前，大伯妈匆匆跑到厨房里，从灶台上抹了一把烟灰。大伯妈挽起妹妹的裤腿，用烟灰在她细瘦的腿上留下了一个黑黑的印记。

"为什么要在妹妹的腿上留一个印子？"我悄悄地问大伯妈。

"这是一个记号。你妹妹要去投胎了。将来在她的腿上，会有一个胎记。她看到胎记，就知道她前世的爸爸妈妈舍不得她。将来有一天我们碰上她，只要看到腿上的记号，就能认出来。"大伯妈悄悄地告诉我。

原来孩子是投胎来的。那么我呢？我是谁投的胎呢？我的记号呢？我挽起自己的裤腿，把两条腿都露出来，左看右看，可是我的腿上没有像烟灰那样的记号，只在膝盖上有一个疤痕。

我指着膝盖上的疤痕问奶奶：

"阿婆（我们那儿管奶奶叫阿婆），这是我的胎记吗？"

奶奶说："不是的，傻姑娘，这是你有一回不小心摔在石桥上，被石头擦破的。"

我没有胎记，我不是投胎来的。我问奶奶："阿婆，我是从哪里来的呢？"

"你呀，是阿婆从大河边的大石头底下捡来的。"奶奶笑着说。

从此我的眼光常常投向远处的大河。若是跟着大孩子到大河边去摸鱼虾、扯猪草，我就看着河边的大石头，猜想我曾经在哪一块石头下面哇哇哭，而奶奶又是如何发现我的。

我七岁的时候，母亲给我生了个弟弟。弟弟的到来让全家人欣喜不已，从那时起，爷爷、奶奶、爸爸、妈妈的目光全盯在弟弟的身上。我常常独自坐在屋旁的竹林里发呆。我在竹林里一待就是大半天，也没有人来找我。我更加确信我不是我父亲母亲的亲生孩子，而是我奶奶从大河边的大石头下面捡来的。

那么我的亲生父母是谁呢？他们为什么那么狠心，把我丢在大石头下面呢？要是奶奶没有及时发现我，我会不会被野猫叼去呢？要是河里突然涨大水，我被冲走了呢？这个世界上不就没有我了吗？

这些问题纠结在我的心里，让我陷在深深的忧愁中。我成了一个内心越来越敏感的孩子。而童年的我偏偏灾病不断。先是我的双腿长满毒疮，不能行走。后来腰上又长了缠腰丹，丹毒发展得特别快，没几天那些水疱和疙瘩就像一根带子围绕全身，到去看医生的时候，那根可怕的腰带只差两三指宽就要完全接上了。医生撩开我的衣服，看着腰上的丹毒，说："幸亏你们把她送来了，现在还有得救，要是腰上全长满了，就没得救了。"

我不说话，也不哭。但我心里想：如果这一回我死了，大伯妈会不会也在我的腿上用烟灰留一个印呢？我投胎以后，我现在的父母会不会来找我呢？

上小学的时候，有一天站在操坪上做广播体操。那是夏天，我穿着短袖衣服。在做上肢运动的时候，我朝前伸出胳膊，突然发现右胳膊上有一个浅褐色的印子。哦，天哪，我一定是昨天洗澡的时候太马虎了，没有把胳膊上的脏东西洗干净，一个女孩子这么不爱干净，让人看见了多不好意思呀！

下了操以后，我赶紧用手擦，想把那一小片褐色擦掉，但不管用。我又用手指蘸上唾沫使劲搓，胳膊搓红了，甚至连手臂上浅浅的那一层皮也被搓掉了。

可是，一天过后，手臂上搓出来的红色消褪，只留下几道我用指甲抠出的痕迹，而那个淡褐色的印记，依然清晰如昨。

那是一个五分硬币大小的褐色印记，我用左手的大拇指往上按，正好一个大拇指大小，好像是谁用大拇指在我的右胳膊上重重地按了一下。

我突然明白过来：啊，这是我的胎记！原来我的胎记没有留在腿上，而是留在我的手臂上！

我举起我的胳膊，像举着一面胜利的旗帜，飞快地朝奶奶跑过去，我要让奶奶看到：

"阿婆，你看，我有一个胎记！"

奶奶拿起我的胳膊仔细看。她说："哦，还真是个胎记呢。"

我很自豪地用左手拇指按在胎记上，对奶奶说："阿婆你看，正好是个拇指印，肯定是我投胎之前，我的爹爹和娘用大拇指按的。他们会来找我吗？"

奶奶没明白我讲的是什么，问道："谁来找你？"

于是，我把我所知道的投胎啊、印记啊都说给奶奶听，然后，我认真地对奶奶说："阿婆，我肯定不是你从大河下面捡来的，我是投胎来的。我有记号，我的爸爸妈妈会来找的。"

奶奶把我紧紧地搂在怀里，说："谁来找也不给！你是我们的宝贝！"

什么样的语言有魔力

(俄罗斯)康·巴乌斯托夫斯基　潘安荣 译

大自然对于悉心洞察它的生活并歌颂它的瑰丽的人,倘若能生感激之情的话,那么这番情意首先应该归于米哈伊尔·普里什文。

在普里什文感到像在家里一样的那些地方——巡林员的木房里,烟雾漠漠的河滩地,俄罗斯原野上低垂的云幕或灿烂的星汉下面,人家只称他为"米哈雷奇"。

普里什文能够为每一片从树上飘落的秋叶,写出一部诗来。他善于使大自然具有人的思绪和情怀。他的笔下,一切都闪着诗的光芒。

我拿起普里什文的一本书,翻开来读道:

"夜在一轮皎月下逝去了,黎明时分,降下了初霜。万物白茫茫的,但是水洼没有上冻。朝阳冉冉升起,照射片刻,树木和草上便缀满了露珠,苍郁的森林中的云杉树枝看上去便似一片亮晶晶的花纹,倘若拿我们整个地球上的金刚石都去作这般装点,也是不够的。"

在这一小段散文中,一切都很朴素、准确,充盈着不朽的诗意。

普里什文的语言，只有在一个俄罗斯人同大自然的密切交融中，在劳动中，再加上民族性格的朴素和睿智，才能形成。

"夜在一轮皎月下逝去了"这句短短的话，十分清楚地传达出了沉睡的大地之上沉默而庄严的夜的流逝。"降下了初霜"，还有"树木和草上便缀满了露珠"，这都是人民的、活生生的语言，决不是偷听来的或者是从笔记本里抄来的，而是他自己的。

我早已在奥卡河边春水淹过的草地上发现，有些地方的花好像是被聚集在一起，垒成一个个茂盛的花坛，另一些地方却在普普通通的青草之间忽然出现一条同一种花的花带，弯曲连绵地伸展开去。这种景象，在飞临草地为大大小小沼泽喷撒灭蚊药的 Y–2 小型飞机上，可以看得特别清楚。

我年复一年观察这高高的芳香的花带，叹为奇迹，但是我不知道如何解释这种现象。不过也得承认，我并没有为此而多费思索。

终于在普里什文的《一年四季》中，我发现了对此现象的解释，总共只有一行文字，一小段，标题是《花河》：

"在一道道春水曾经流过的地方，如今是一条条花河。"

我读了这句话，才恍然大悟，原来花带成长的所在，正是春水流过、留下肥沃淤泥与种子的地方。真仿佛是一张以花编制的春水图。

第八辑

小流清

河水亮

亮

阅 读 提 示

从不同人物的角度，你能画出不同的"故事树"。比如从陶叔叔的角度或者从小姑娘的角度，画出情节发展的"故事树"，有益于加深对作品的理解。

用紫色笔把作品中有推动情节和人物性格发展的重要疑问句画出来，它们对作品中人物的塑造和主题的表达都有良好作用。

不知名的鸟

陶永喜

一只紫色的鸟轻捷地啼叫一声，画个漂亮的圆弧消逝在一片浓浓淡淡的墨绿之中。

阳光下，青叶河水面闪烁着金色的星点。而那树叶遮掩下的一线河水愈是显得幽深发蓝。

这是一处未经开垦过的河湾，人迹罕至，从不曾受过镰刀的芟刈。四周芳草翠碧连天，散发着阵阵嫩草的清香。不时从树木草丛里传出一两声鸟鸣，仿佛在这个河湾里点饰着淡淡的绿色的月光，游荡着淡淡的绿色的风。好一派美景，不由得让人心旷神怡，安适恬静。整个人和这世界已融成了一体。

我真不忍心把手中渔网撒入河中，破坏这一派静谧的、和谐的氛围——河水中有一群逍遥自在的阳江鱼。

这里真是我们的世界，包括我、小鸟、阳江鱼，还有那翠绿。这世界是为我们而存在，为我们而永恒。

我的渔网兜上方两寸的地方，出现了一个圆圆的三个拳头大小的洞，真让我懊丧，我相信已有不少鱼从这里溜走了。我的鱼篓里还只有那么十几条不值一提的杂鱼。

一股痒痒的细流冲击我的双脚。那轻轻的，清晰沉稳的是我的心跳。

不远处，蓝草里站着一个小姑娘。我竟然奇怪，这漠漠的世界上又有了一个未知名的小女孩。她也看到我了，也可能她早就发现了我，或许比我还更早地来到这一片世界。她也知道我看到了她。

一阵软软的风吹来，小姑娘头上那微有些发黄的发丝松散在额前了。小姑娘调皮地把头一甩，向我的方向走来。

小姑娘向我走过来，活像一个小精灵，浅色的裙子上粘着一串野草籽儿。

她调皮地打量着我，在离我五尺外的地方。

我朝她挤了挤眼睛，小姑娘只是一味地时而打量我，时而注视我身边那一张有漏洞的网。

"你在干什么？"这个约莫有七岁的姑娘说话了。

"我在做梦。"我甜甜地吸口气说。

"你在说谎！"小姑娘蹲下身子，瞄了瞄我的鱼篓说。

"网有窟窿了？"

"是哟……"我答道。

"那该修补修补呀！"小姑娘瞅见了我衣袋里的渔梭子，晃着小脑袋说。

"四年了，是张烂网。"我不屑一顾地摆着手坐起了身子。

"不是烂网。也不旧，"小姑娘居然反驳我。

我在小姑娘的目光的监视下，把网吊在一棵小树枝丫上，拿出渔梭补网。

小姑娘满意地蹲在我的身边。

　　"小陶叔叔，你怎么能在这样的地方做梦？"小姑娘挺认真地问。

　　"你怎么知道我是小陶叔叔？"我问。真是个小精灵。我笑了。

　　"这，你不管。'小姑娘一副不容置疑的样子，"我想问你，你为什么也喜欢这样一个地方？"

　　我不知道回答她什么。

　　小姑娘希望得到我的答案。见我没说什么，有些失望的样子。一忽儿，她像想起什么似的又朝她走来的那个地方跑回去。

　　她的裙子在翠油油的草丛、河柳间欢快地飘荡。

　　"唧——唧——唧——"一阵悦耳的鸟鸣。

　　转眼小姑娘又跑了回来，额头上沁出了汗珠，在太阳下，有着星星的光泽。

　　她耸耸鼻头，又在我身边蹲下。

　　"叔叔，你喜欢鸟吗？"小姑娘突然问我。

　　"喜欢。"我认真地回答她的话。

　　"喜欢什么鸟？"

　　"画眉、黄鹂、翡翠、天鹅……"我说。

　　"难道你就不喜欢不知名的小鸟吗？"

　　"什么不知名的小鸟？"我有些蒙了。

　　"就是你我都不知道它的名字的小鸟。"

　　原来是这样。"只要是小鸟，我都喜欢。"我说。

　　"那你能帮我们一个忙吗？"小姑娘说。

　　"你们？"我有点哑言。我这时又发现小姑娘走来的地方有　个人影忽闪了一下。

　　"对。请你帮我们一个忙。一个天大的忙。"

　　"只要我能做到的，我帮。"我的眼睛仍然盯着那个闪动了一下人影的地方。

小姑娘听我这么一讲, 欢快地朝那丛巴茅草走过去, 然后小心翼翼地拨开了草丛。

一会儿, 小姑娘走回来了, 手里捧着一只不知名的淡蓝色羽毛的小鸟。她脚丫上被荆棘划开了两条伤痕, 沁着红红的血丝。

小姑娘捧着小鸟, 递到我的面前, 双眼泪水盈盈, 凝视着我。

"叔叔, 请你把这只无名小鸟救活, 好吗？"

这时我才发现, 那只小鸟脖子上正流着血, 它在死亡线上做出最后的挣扎。

"叔叔, 请你救活它吧。你是医生, 能救活的。"

我不知如何是好。我肯定小鸟是不能救活的了。转而看到小姑娘那真诚、痛心的样子, 我有了主意。

"好, 我给你救活它。"我捧过那只无名小鸟。小鸟尚有余温。

它的心脏跳动很微弱, 也可能是我的手发抖, 或许它已经跨进了死亡的黑墙。

"你去摘点扎梨岩叶子来。"我对小姑娘说。小姑娘一听, 欢喜地走开, 摘药去了。

我看见小姑娘远远地走了。我连忙捧着那只无名小鸟, 走到一丛浓密的荆棘边, 把那只断了脖子的小鸟塞到荆蓬里。

我像做贼一般急忙又回到了原地。

青叶河水面上仍旧闪烁着金色的阳光。树叶遮掩下的河水显得那么幽蓝幽蓝, 幽蓝得叫我心悸, 心绪不安。

小姑娘气喘吁吁地走过来了, 脸色显得特别红艳。我敢发誓, 小姑娘患有不轻的心脏病。

我故意显得很坦然。

"那只无名的小鸟被我救活了，它飞走了，朝那棵麻叶柳那边飞走的，它一定回到它妈妈身边去了。"我说。

小姑娘一听我这话，倒显得出奇地平静了。

"不，你骗我！小陶叔叔。姨姨说了小鸟断了脖子是不能救活的，就好像小孩子得了心脏病不能治好一样，它肯定死了。"

小姑娘亮晶晶的双眼里流下了一串泪水，无力地坐在那里。

"可那只小鸟确实是救活了，它飞到它妈妈身边去了，你懂吗？小鸟能救活！"我说道，声音显得严峻，不可置疑。

小姑娘顽固地摇摇头："不，姨姨说了，小鸟断了脖子是不能救活的。你在说谎。"

就在这时，那边走来一个人，是我的洁。

"姨姨。"小姑娘跑上去，"小陶叔叔说他救活了那只断脖子的无名小鸟。"

洁无言地望了我一眼。我害怕她痛骂我在小姑娘面前说谎，她忌讳说谎话。

我不好意思地低下了头。

洁把小姑娘抱在胸前："不。小陶叔叔不是说谎。我也看到那只小鸟朝那边飞了。"

小姑娘挣脱了洁的手，忽闪着眼睛盯了我和洁一眼："你们都在说谎，断了脖子的小鸟是不会活了的。你们为什么要撒谎？"我喂了它半年，我什么都知道。"

小姑娘的脸这时显得苍白无力了，呼吸也很急促。她默默地跺跺双脚，不再理睬我们，朝那边走去。那边一片纯清，碧草连天。

洁会意地朝我看了一眼："她在世界上还有两个月。"说完，她跟着小姑娘走了。

"你们为什么要撒谎？"小姑娘的话一路让我反省。

但我相信那一湾河水肯定还是那么和谐地碧清，还是那么让人眼馋地悠蓝，那一滩青草还是那么翠绿。

小河流水清亮亮

刘蓉宝

　　水圳里水不浅不深。

　　四周静悄悄的。

　　太阳还在山顶。

　　山妹、怀莲婆、我，还有燕子，在窄窄长长的圳水里，偷着洗澡。四只猪草篓子，搁在圳坝头的草丛里。

　　燕子手抓着圳里边凸出的石嘴，扑打着黑黑长长的双腿。她看了看太阳，说："别洗了吧？　太晚了怕衣服晒不干呢。"

　　山妹洗得正在兴头："你着什么急，衣服放到滚热的石头上一晒，一下子就干了。你怕扯不起一篓猪草回去挨骂吧？我们三个等下一个帮你扯两把，不就行了吗？"

　　我和怀莲婆巴不得多在水里浸一会呢。

　　"来，"山妹的把戏最多了，"我们四个，从这里往下游，看哪个游得最远。"这样，燕子打先，怀莲婆、我、山妹，像四只青蛙一样，一个跟着一个，顺着圳水往下游去。

游了不多远，我忽然感到圳水好像在下沉，拉力也大了许多。我立时想到是碾米厂的王老老，他拉水闸打米发电了。

心一紧，我忙抓住圳里边的石嘴。山妹和怀莲婆也靠在圳里边停下来了。只有燕子，正顺着水的冲力往下游。想起水电站下面那呼呼响的黑洞洞，我忙喊："燕子，快停下来，王老老放水发电了。"燕子听见了，想回头，却又被水流带下了老远。她急起来："快来拉我啊，我有得力气了。"

山妹、怀莲婆都定定地看着她，不知所措。我也害怕，要是拉不住燕子，自己也会被冲进那黑洞里去的。怎么办啊，燕子傻傻的，不知道往边靠，手脚乱扑，被水带着继续往下漂。

"快去叫王老老放水闸！"山妹喊。

我奋力攀上水圳，飞跑向碾米厂，大声地叫喊着："王老老，快放水闸！燕子在水圳里……"

王老老正招呼打米机，听清了我的话，飞身出门，咚地放下水闸。

燕子已到跟前。王老老一脚踩住水闸，左手反抓身后的铁桩，右手一把捞起燕子，像抓住了一只青蛙，破口大骂："你个鬼脑壳！淹死了、撞死了，可是我王老老的罪过了。到水圳里做什么？找死也去寻个好地方啊……"

骂着，他看到了山妹、怀莲婆和我，水流水滴地浑身发抖。他那双鱼泡眼一瞪："在水圳里洗澡，是不是？ 走，见你们的爹娘去！"

我、山妹、怀莲婆转身打起飞脚就跑，生怕被他捉住。身后传来燕子惊恐的哭声，还有王老老威吓的骂声……

把湿衣服脱下来晒着，坐在树荫下，惊魂不定，猪草也不想扯了。

天好久才黑下来。山冲里的岩蛙"呱""呱"地叫着，让人心里烦躁。远处村里依稀亮起了灯光，三个人谁也不敢回家，不由得怨恨起王老老的多事来，放下水闸，就没你的事了，干吗还要兴风作浪呢。

打骂自不必讲了。

族长六爷爷，板起他的老马脸，当众把拐棍敲得咚咚响："我七十多岁了，还从没见过妹子家下河洗澡呢。咳，还是做爹娘的管教不严啊！"

明亮的太阳光下，小河水清亮亮地流着。河床陡急的地方，河水冲击石头，朵朵浪花像串串笑语。深潭水深不流，幽碧澄澈，散发着清润凉爽的气息。

男人们、崽伢子们，在小河里自由畅快地洗澡，河水溅起一朵朵快活的浪花。红翅鱼在浅滩的鹅卵石间，被他们手里拿着的剥了皮的雪白发亮的杉木棍，赶得惊慌失措。

咚地一个石子扔下去，水面漾开一圈圈涟漪，又复归平静。

月亮地里，我们玩"偷南瓜"的游戏。汗爬水流坐下来歇气，想起在清清凉凉的河水里洗澡的味道，真有一股说不清的苦楚在心头。

"真想到河里去洗个澡啊。"山妹说着，眼睛都直了。

"我也想。"怀莲婆和我同时说。

只有燕子东张西望，不敢出声。

"哪个要是有办法让我到河里洗成澡，又不挨打受骂，我一天给他扯一篓猪草都要得。"山妹说。

"我也是咯。"怀莲婆讲现话狠得叫。

不准下河洗澡，猪草还是天天要扯的。

这天下午，我们去了斜树塘。斜树塘并不是塘，只不过是小河流经这里时疲乏了，躺下歇了一觉，留下一个又深又长的潭，像塘样。河边，有一棵歪脖了老樟树。大人们就把这里叫成斜树塘。岸边，有整块凸出的青石，可以手攀青石学踩水。当初我们几个就是在这里学会凫水的。而且，从凸出的石板上跳下河去，或一个猛子扎下去，特别有味道。

要是往常，我们会先泡在河里洗个尽兴，然后脱下湿衣服晒着，再去扯猪草。自从王老老揭了我们的底后，我们谁也不敢再下河，家里有苗竹梢梢、杉树枝叶等着，回去要看手掌脚板的。再怎么把手脚弄脏，大人们都能看出在没在河里泡了澡的痕迹来。

我们扯好了猪草，坐在樟树下歇气。山妹扔掉刚用狗尾巴草编成的毛耳朵狗，从衣袋里掏出九粒白亮圆润的小石子来，说："我们来捡一盘子吧。"怀莲婆起身把樟树背后的一把杂草扫开，一块大石板露出来，我们两两结对捡起子来。

石板长方形，很平整，端头有一个圆圆的人头，而且有鼻子有眼。我晓得，这是路边"土地庙"里的菩萨，叫作"土地公公""土地婆婆"。只是土地婆婆的头不知被哪个敲掉了，只剩身子和土地公公连成一块。扯猪草时，我们在沟坑里发现的，就把它搬来樟树下，用它来打牌动棋捡子好得很。

看着这石块，我突然就有了一个主意，低声附在山妹她们耳旁一说，喜得她们直拍手。我们一直玩到天黑了才回家。晚上，我做了个快乐的梦。

第二天，大人们都出去做工了，崽伢子们也不知疯到哪里去了。

我心儿咚咚地跳着，走向六爷爷家。

六爷爷正在打草鞋呢。我轻轻地喊他一声，他连眼皮都不抬一下。

"六爷爷，我们在斜树塘看到了菩萨。"我终于说。

六爷爷停了他瘦筋筋长了紫斑的手。

"土地公公和土地婆婆，浸在斜树塘的深潭里呢。"我又说。

"你就晓得是土地公公、土地婆婆？"六爷爷撑起他皱皱薄薄的眼皮瞧着我。

"我是猜的。您去看吗？"

六爷爷便当真拄着他的拐棍，拿上一把烂胡子蒲扇，跟着我们来到了斜树塘。

站在岸边，我们指着深水里那块石头给六爷爷看。六爷打枪样眯起他的右眼，瞄了好一会，说："真是土地公公、土地婆婆啊！罪过，罪过呵。"

山妹咧嘴要笑，我赶紧向她使了个眼色。

我对六爷爷说："六爷爷，去喊大人们来，把菩萨捞上来吧。"

"去不得，去不得的！土地庙是他们拆的，土地婆婆是他们敲坏的，去不得的。"六爷爷赶紧阻止。

"六爷爷，那就让菩萨淹死在河里算了。"山妹说。

"快莫乱讲！小孩子冇懂事，菩萨莫见怪。真是罪过！"

"六爷爷，我们去，我们去把菩萨救上来……"

"不行不行，妹子家家的，水又深……"

六爷爷的话还没讲完，我、山妹、怀莲婆嗵嗵嗵，已跳下河去，一个猛子扎进河底，三个人齐用力，抬起石块，憋住气，一步一步，从河床走上岸来，把菩萨咚地放在吓得团团打转转的六爷爷脚下。

六爷爷又是祈祷，又是作揖，又是生气，又是高兴，样子特别搞笑。

菩萨又被我们送进了破破烂烂的庙里。

六爷爷嘱咐我们：这件事回去千万莫要对大人讲起。

我立即接口说："我们听您的话，绝对不讲。六爷爷您讲，我们的水性，不比他们崽伢子差吧？"

六爷爷忙说："不差不差，你们这帮冒失鬼，把我吓都吓死。"

"六爷爷，我晓得您最疼我们。我们想……"我吞吞叶叶。

"什么事呢？"

"我们要在河里洗澡……"山妹早憋不住了。

六爷爷怔住了。他愣愣神，敲着我的湿脑壳，说："虮子大的人，鬼点子咯多。"说着，拉我们到菩萨面前，让我们跪下，他便对着菩萨喃喃祈祷："土地公公，土地婆婆，你们是这几个妹子救上来的。土地神灵，庇护子民，子民们上山下水，可要保佑他们平平安安啊……叩头，你们快给土地公公、土地婆婆叩头。"

我们便叩头，水流水滴地，把头叩得山响，叩得自己哈哈大笑。

从此，我们总是故意在大人面前，唰地跳下河去，神气十足地，在河里游过来，游过去。不提防一个猛子扎下去，从老远的地方才冒出头来，吓得大人们目瞪口呆。

每当这时，六爷爷总是摇摇他花白的脑壳，踱进屋去。

后来，我读了中学，并成为村里第一个大学生。村里的大人回想起我以前在河里游水的事，慨叹说："斜树塘的菩萨真灵验哪！"

他们哪里晓得，那"灵验"的土地公公、土地婆婆，就是被我们扔到深潭里的呢。

阅读提示

暴风雪中，男孩艾伦和山羊兹拉特得到拯救的原因是什么？请用紫色笔画出相关的段落，并作总结。

故事中调动了多种感官来写暴风雪。请用黄色笔画出表达肤觉的句子，用蓝色笔画出表达听觉的句子，用橙色笔画出表达嗅觉的句子。

山羊兹拉特

（美国）伊·巴·辛格　黎柱辉、郑珍妮 译

往年的哈罗科节前后，通往镇上的路总是白雪皑皑的。但这年冬天，至今还暖烘烘。一年一度的哈罗科节快到了，仍见不到一片雪花的影子。耀眼的太阳老是挂在空中，村里的农民急得团团转：这样干旱的天气，眼看今冬的好收成没有指望了。新草吐绿，他们就急急忙忙将牲口赶到外面放青去了。

对皮衣匠鲁文来说，这的确是一个糟糕的年头。怎么办呢？他左思右想也想不出一个好主意。最后，他横下一条心，卖掉山羊兹拉特。这头叫兹拉特的山羊老了，挤出的奶水也不多了，镇上的屠夫费菲尔答应出八盾的价钱买这只羊。有了这笔钱，可办的事情就多了——买哈罗科节用的蜡烛，还可以买来马铃薯和香油，煎美味的烙饼，至于给孩子们的礼物嘛，一件也少不了，剩下的钱还够买些节日用品，把房子打扮得漂漂亮亮的，像个过节的样子。一切想妥当了，鲁文把大儿子艾伦叫来，吩咐他把羊牵到镇上去。

艾伦心里明白，把羊牵到费菲尔那里去意味着什么，但父亲的话他又怎能违抗呢。艾伦的妈妈利厄听说要卖掉山羊忍不住掉下了眼泪，他的两个妹妹安娜和米里亚姆放声哭了起来。艾伦穿上他那件棉夹克，戴上一顶有耳套的帽子，把一根绳子拴在兹拉特的脖子上，然后只带上两片有奶酪的面包，留在路上吃。照理，艾伦应该当天晚上就把羊送到，然后在费菲尔家里过一夜，第二天把钱带回来。

一家人依依不舍地向兹拉特告别，艾伦把绳子往羊脖子上套的时候，兹拉特和往常一样温顺而又平静地站着。它舔舔鲁文大叔的手，抖动着它下巴上那稀疏而花白的胡子。它对人类的善意是从不怀疑的，它知道，人们将它饲养大，从来没有伤害过它。

当艾伦将兹拉特牵至屋外，踏上通往镇上的路时，山羊感到有点诧异：是弄错了吧，以前人们从未赶着自己朝这方向走过。它疑惑地掉过头来，看着艾伦，似乎在问："你要把我带到哪里去呢？"但过了一会儿，它好像打定主意：走哪条路我才不管哩，向前走就是了。可是，路确实与往日走的不同，他们穿过陌生的田野，走过绿油油的草地，经过一排排用茅草做顶的房子。一只讨厌的狗老跟在他们后面打转，边跑边吠，最后还是艾伦用手中的棍子才把它赶跑。

艾伦离开村子的时候，阳光灿烂，天气还是好好的。可是突然间却变了。东边天空出现一堆中间淤黑淤黑的大块乌云，乌云越滚越大，眨眼工夫，就把整个天空盖得严严密密的。紧接着，寒风呼啸，乌鸦低飞，发出呱呱的怪叫声，开始时，似乎要下雨，但很快却像夏天一样，噼噼啪啪下起冰雹来。虽然当时还是早上，但天色却像晚霞消失、黑夜来临的时分那样，暗淡无光。过了一会儿，这场冰雹又转为一场大雪。

艾伦今年十二岁了，各种各样的天气他也见过不少，但像今天这样的风雪却从未经历过。大雪纷飞，搅得天昏地暗，他们走的路很快就被雪覆盖了。风，变得冰冷冷的。通往镇上的路又窄又弯，艾伦再也分不清道路了，猛烈的风雪刮得他睁不开眼睛,穿透了他那薄薄的棉夹克。

起初,兹拉特对天气的变化好像不当一回事似的。它也活了十二个年头了,对冬天还会陌生吗?但当它四只脚越来越深地陷进雪堆里去的时候,才开始转过头来,惊讶地望着艾伦。它那温柔的眼睛一眨一眨的,似乎在埋怨他:这样大的暴风雪,我们为什么还要出来呢?艾伦期待着,要是有人赶着马车经过这里该多好呀.可是,四周旷野,连人影也不见一个,更别说马车了。

雪越积越厚,狂风卷着雪花,一层一层地盖在大地上。透过积雪,艾伦感到靴底软绵绵的,噢,脚下是一块刚犁过的地。他意识到自己不是走在大路上了,他已经迷路了。他再也辨不出东南西北,再也分不清哪一条路回村,哪一条路通往镇上。狂风夹着雪花,卷起一条一条雪柱,时而呼啸而过,时而咆哮怒号,看起来就像一群浑身雪白的淘气鬼在野地里捉迷藏一样,在地面上扬起股股白粉。兹拉特停了下来,它再也走不动了,死死地将"V"字形蹄子钉在雪地里,咩咩直叫,好像在恳求艾伦把它带回家似的。兹拉特那花白的胡子挂着冰凌,头上的两只角由于结了冰,光滑透亮,就像上了釉一样。

相信不会出什么事吧,艾伦尽量往好处想。但他毕竟知道,如果不设法找个地方躲避一下,他们就只有被活活冻死了。这不是一场普通的风雪,而是一场极其猛烈的暴风雪。积雪已经淹没了艾伦的膝盖,他的双手麻木了,脚趾也好像不是自己的。他艰难地喘着气,冻僵了的鼻子堵塞得像木头一样,他只好抓起一把雪,使劲地往上擦。这时,兹拉特咩咩的叫声越发响亮,简直就像哭叫 般。它真不明白,那些 向为它所信赖的人,却硬要把它往陷阱里拉。艾伦开始祈祷了,祈求苍天保佑他和无辜的兹拉特平安无事。

忽然,艾伦发现前面好像有一大堆什么东西,他心里奇怪,它会是什么呢？是谁把雪堆成这么大的一堆？他牵着羊，一步一步地向前走去。走近一看，原来是一大堆干草，漫天大雪，已把它上上下下裹得严严实实的。

艾伦顿时知道他们得救了。他拼尽全身力气在雪地上掘出一条路，直通干草堆。艾伦是个农村孩子，这样的活儿是难不倒他的。来到草堆跟前，艾伦二话没说，拨开干草，然后拉着兹拉特，一头钻了进去。这下子可好了，不管外面多冷，干草垛里总是暖洋洋的。而且，那草料还可以作为兹拉特的佳肴呢。这时，兹拉特嗅了嗅干草，心里别提多高兴了，大口大口地就嚼了起来。草垛外面，大雪仍然下个不停，刚才艾伦掘开的小道很快就被雪覆盖了。这还不要紧，麻烦的是草堆里面空气稀薄，躲进去的艾伦和兹拉特需要呼吸！艾伦透过雪层和干草开了一个小窗，并且小心翼翼地不让雪把它封了。

兹拉特吃得饱饱的，一屁股坐了下来，好像重新恢复了它对人类的信赖似的。艾伦虽说吃了他带来的两片奶酪面包，但经过这么一段艰难路程的折腾，他的肚子仍像未吃过东西那样，饿得咕咕直叫。他看了看兹拉特，发现它的乳房胀得鼓鼓的。他不由得挨近它身边，躺了下来，嘴巴向上，轻轻地用手挤奶。源源不断的乳汁直喷到他口里，啊！多么甘甜醇香的乳汁呀！兹拉特从来没有像今天这样被人挤过奶，但它毫不抗拒，相反，它似乎要好好地报答艾伦哩。正是艾伦把它带到这里来，这是个多么好的地方啊！这里的每堵墙、地板和天花板都是它的美餐。

透过小窗，艾伦看到雪花在窗前飞舞，四周呈现出一片浑浑浊浊的景象。天全黑了，小艾伦分不清究竟是夜幕降临呢还是风雪搅得漆黑一团。谢天谢地，干草堆里暖暖和和的。晒得干干的草料——牧草和野花，散发出阵阵夏日的热气。兹拉特不停地吃着草料，它东啃一点，西咬一口，时而向上，时而向下。它的身体散发出动物所特有的温暖。艾伦蜷缩着身子，紧紧地依偎在它身边。他一向多么爱兹拉特呀，而今天，它更像自己的小妹妹一样可爱。离开了家,艾伦感到孤零零的,他多么想跟别人聊聊呀!对了,跟兹拉特聊去。"兹拉特,你知道今天所发生的事情吗?"艾伦问道。

"咩……"兹拉特回答说。

"如果找不到这堆干草,咱们早就冻僵了,你说对吗?"艾伦说。

"咩……"兹拉特又应了一声。

"我不明白你的意思,老是'咩咩咩'的,你说清楚一点好吗?"艾伦恳求说。

"咩咩咩,咩咩咩……"兹拉特一连叫了几声,真像努力想把话说清楚一点似的。

"嗯,那你就'咩咩'叫吧,"艾伦心平气和地说,"你不会说话,我也知道你心里明白,我离不开你,你也离不开我,对吗?"

艾伦说着说着,感到困极了。他用一些干草铺成一个枕头,把头倚在上面,昏昏沉沉地睡着了。不一会儿,兹拉特也闭上了眼睛。

当艾伦一觉醒来,分不清是早上还是夜晚。大雪已把他开的小窗封严了。他努力想将它挖通,但手臂太短,怎么也够不着。幸亏他身边带有一条棍子,才把窗口打通。外面仍然是一片漆黑,大雪纷飞,狂风怒号。

艾伦觉得很饿,他带来的面包早就吃光了,但兹拉特丰富的乳汁,使他得以充饥。

一连三天,艾伦和兹拉特就待在这个干草堆里。艾伦一直十分疼爱兹拉特,这三天避难的日子更使艾伦感到它越来越可爱。它用奶汁喂着他,用身体使他感到温暖,它那耐心沉着的劲儿,更使他感到宽慰。艾伦给兹拉特讲了许多许多的故事,它总是竖起耳朵,静静地听着。每当艾伦爱抚地拍拍它的时候,它总是亲昵地舔舔他的手,亲亲他的脸。然后"咩咩"地叫几声。艾伦知道,它在说:"我也爱你哩。"

虽然从第二天开始,雪下得没那么大、风刮得也没那么猛了,但大雪仍足足下了三天。到了第四天早上，艾伦和兹拉特从干草堆里钻了出来。他很快就听到雪橇叮叮当当的铃声。噢，原来草堆就离大道不远。一位赶车的农民给他们指了路——当然不是到镇上，更不是到屠夫那里去，而是回村，回到可爱的家里。艾伦决心再也不和兹拉特分开了。

艾伦家里的人和邻居冒着风雪，四处寻找他们，但一无所获，连踪影也见不到。他们担心，艾伦和兹拉特一定是完了。艾伦的妈妈和两个妹妹急得哭了起来。他的父亲鲁文一言不发，闷闷不乐。忽然，一位邻居飞也似的跑来，告诉大家一个好消息，艾伦和兹拉特正在大路那边朝村子走来哩。

一家人乐开了。艾伦回到家中，一五一十地告诉大家，他如何找到一个干草堆，兹拉特的奶又怎样使他不至于挨饿。艾伦的两个妹妹紧紧地搂着兹拉特，不停地吻它，还特地把胡萝卜和马铃薯皮切得细细的，好好地款待它一顿。兹拉特饿极了，狼吞虎咽，一下子就吃个精光。

再也没有人提起要卖掉兹拉特了。现在，严冬终于来临了，村民们又都需要鲁文为他们缝制皮大衣了。当哈罗科节到来的时候，艾伦的母亲每天晚上都能炸上一顿薄饼，当然，这也少不了兹拉特的份儿。兹拉特有它自己的羊圈，但它经常走到厨房里来，用两只角敲打着门，表示它要来访，不用说，每一次都会得到允许的。晚上，艾伦、米里亚姆和安娜在玩陀螺时，兹拉特靠近炉边坐着，静静地望着孩子们，望着那一闪一闪的节日蜡烛。

偶尔艾伦会问："兹拉特，你还记得我们一块度过的那三天三夜吗？"

而兹拉特呢，它也总会用一只角搔搔脖子，抖动着长有花白胡子的头，用那纯真的"咩"的一声，表达出它那全部的思想感情和深切的爱。

第九辑

童年时的
好　　　奇
可　　　以
持续一生

话是开门的钥匙

张之路

我的女儿每次和我要钱买东西的时候,我们之间的对话是这样的:

爸,我想买双鞋。

你那双鞋不是还挺好嘛。

哼!不买就不买!

还没等我说话,她就关上门回到自己屋里去了。

爸,我想买个娃娃。

你有那么多高级的娃娃,干吗还买呀。

哼!买点东西这么难!

每当这个时候,我就很有感慨。先不说她要的东西该不该买,也不说我对她这样严格要求对不对,或者我的消费观是否过时,我只是很担心她的办事能力!

每当这个时候,我特别盼望她能在遭到我的拒绝的时候,不是马上就走,而是和我讲述她要买东西的理由(当然面带微笑更好),来说服我。哪怕这理由不是很充分,甚至不是什么理由,甚至是错误的理由,比如这鞋已经很旧了，样式很过时了，都被同学笑话了，或者说让我先贷款，将来在她的压岁钱里扣除等很现代的说法来打动我……反正是要说话，而不是光是哼了一声！最好说个一二三条，有个条理，歪七扭八的条理也成，能自圆其说更好，说得七零八落也成，能说服我更好，说不服也能让我知道她那恳切的心理，哪怕和我撒娇，软磨硬泡也可以……因为照她现在这样，不但达不到目的，让我也很不高兴。

这孩子太倔了！将来到社会上和别人交往的时候，怎么办得成事儿呢？

我常常想，当我们有一个正当的要求而需要别人帮助的时候，比如我们有了一个科研选题需要申报资金，比如我们有了一个好的剧本需要投资。从小事情上来说，我们希望老师给讲一道题，让家长提高零花钱的份额，以至像我的女儿想要买点东西等，一般人只把心思放在别人同意还是不同意上，别人一旦不同意，就什么办法也没有了，而能干的人首先想到的是把力量放在说服别人同意上。

理由和意图光你自己清楚可不行，别人不一定清楚，它需要你清清楚楚地告诉别人，说出它的前景和利害，用你的信心和口才说服别人。

阅 读 提 示

　　"怀着一种期待感，甚至神秘感走进课堂"，你同意这种看法吗？文章里写的"黎明的感觉"是什么？请用紫色笔把有关的句子画出来，并用心体会。

黎明的感觉

钱理群

　　做任何事，刻苦的结语常常是两个字：及格；兴趣的结语常常也是两个字：出色。

　　高中毕业的时候，我在学习经验会上有个发言，我自己至今不忘，因为它照亮了我的一生。当时我说："学习最重要的是要有兴趣，要把上每一门功课都当作精神的享受。学习就是探险的过程，每一次上课都会发现新大陆，要带着好奇心，怀着一种期待感，甚至神秘感走进课堂"——这可以说是我的第一个独立的学习观、读书观，以后就发展成为我的研究观和我对学术工作的一个基本理解与信念。

　　我们说的学术研究中的发现，不仅是对研究对象的发现，更是一种自我发现，因此就会产生自我生命的升华：学术研究的美妙之处就在这里。

　　那是 1984 年，我刚留校做助教，严家炎老师是系主任，他提出要举办学术讲座，请中文系已经退休的老师，来做最后的公开演讲，让我来做具体的组织工作。于是就请来了吴组缃、林庚、王瑶、朱德熙这样一些一流的北京大学中文系教授，那真是一次辉煌的"演出"。我记得林先生做了非常认真的准备，几易其稿。那一天，他的穿着看似朴素，但是很美，很有风度，他一站在讲台上，那种说不出的风度，就把大家给镇住了。讲完以后，走出教室，他几乎要倒下了，是我把他扶到家里去的，他回去就病了一场。

他拼着命来讲这一课的，讲完了人就倒了。正是在这次课上，他提出："诗的本质就是发现，诗人要永远像婴儿一样，睁大了好奇的眼睛去看周围的世界，去发现世界的新的美。"我当时听了，心里为之一震：这正是说出了学术研究，以至人生的真谛啊！所谓"永远处于婴儿的状态"，就是要以第一次看世界的好奇心，用初次的眼光和心态去观察，去倾听，去阅读，去思考，这样才能有不断的新的发现。这是非常重要的，问题是怎么使自己永远处在一种婴儿状态？

梭罗的《瓦尔登湖》里有一篇文章，提出了一个概念，叫作"黎明的感觉"。"黎明的感觉"就是每天早上睁开眼睛，你便获得了一次新生，你的生命开始了新的一天：一切对你来说都是新鲜的，你用新奇的眼光与心态去重新发现。这就是古人说的："苟日新，日日新，又日新。"

我很同意梭罗说的另一句话，他说人无疑是有力量来提高自己的生命质量的。外界的环境你也许管不了，但你可以有意识地去提高自己生命的质量，通过主观努力去创造一个有利于自己发展的小环境。

直到今天我还保持着一个习惯，我周围的人都知道，我总是给自己设置大大小小的目标，或者读一本书，或者写一篇文章，或者编一套书，甚至是旅游，我都把它诗意化，带着一种期待、想象，怀着一种激情，兴致勃勃地投入进去，以获得写诗的感觉。我强调生命的投入，全身心投入。我跟前几届的北大学生都说过，"要读书你就拼命地读，要玩你就拼命地玩"，这样，你就可以使自己的生命达到一种酣畅淋漓的状态。

我追求这种生命的强度和力度以及酣畅淋漓的状态，这同时是一种生命的自由状态。

好奇的眼睛

(法国) 法布尔　周瑛　译

　　我把脸转向太阳，那炫目的光辉使我心醉。这种光辉对我的吸引力相当于光对于任何一只蛾子的吸引力。我这样站着，脑海里突然冒出一个问题：我究竟在用哪个器官欣赏这灿烂的光？是嘴巴？还是眼睛？请千万不要见笑，这的确算得上一种科学的怀疑。我的嘴张得大大的，把眼睛闭起来，光明消失了。我张开眼睛闭上嘴巴，光明又出现了。这样反复做了几次，结果都是一样。

　　我的问题解决了，我确定是用眼睛看太阳。后来，我才知道这种方法叫"演绎法"。这是一个多么伟大的发现啊！晚上，我兴奋地把这件事告诉大家。对于我这种幼稚和天真，只有祖母慈祥地微笑着，其余的人都大笑。

　　另一次是在黑夜的树林里，有一种断断续续的叮当声引起我的注意。这种声音显得分外优美而柔和。寂静的夜里，是谁发出这种声音？是不是巢里的小鸟在叫？还是小虫子们在开演唱会呢？

　　"哦，我们快去看看吧，可能是一只狼。狼的确是在这种时候出声的，"同行的人对我说，"我们一起走，但不要走得太远，声音就是从那一堆黑沉沉的木头后面发出来的。"

我站在那里守候了很久，什么也没有。后来，树林中发出一个轻微的响声，仿佛是谁动了一下，接着那叮当声也消失了。第二天，第三天，我再去守候，不观察到真相决不罢休。我这种不屈不挠的精神终于获得了回报。

嘿！终于抓到它了，这个小音乐家已经在我的手掌之间了。它不是一只鸟，而是一只蚱蜢，我的同伴曾告诉我，它的后腿非常鲜美。这就是我守候了那么久所得到的答案。不过，我得意的倒不是那两只像虾肉一样鲜美的大腿，而是我又学到了一种知识。这知识是我通过努力得来的。从我个人的观察来看，蚱蜢会唱歌。我没有把这个发现告诉别人，是怕再像上次那样遭别人嘲笑。

哦，我们屋子旁边的花长得多么美丽啊！它们好像张着彩色的大眼睛向我甜甜地笑。在那个地方，我看到一堆堆又大又红的樱桃。我尝了尝，滋味不过如此，没有看上去那么诱人，而且没有核，这究竟是些什么樱桃呢？

夏天将要结束的时候，祖父拿着铁锹来，把这块土地的泥土翻起来，从地底下掘出了许多圆圆的根。我认得那种根，在我们的屋子里面有许多。我们常把它们放在煤炉上煨着吃。那就是马铃薯。普通得不能再普通的马铃薯，我的探索戛然而止。不过，那些紫色的花和红色的果子永远地留在我的记忆里。

我用自己这双对于动植物特别机警的眼睛，观察着一切令人惊异的事物。尽管那时候我只有六岁，在别人看来什么也不懂。我研究花，研究虫子……我观察着，怀疑着。不是受别人的影响，而是好奇心的驱使和对大自然的热爱。

童年时的好奇可以持续一生

（美国）比尔·H.盖茨　　徐臻真 译

比尔·盖茨年幼的时候,我经常带他去图书馆。他非常热爱阅读,我借书经常需要加速周转,及时返还图书,好借到更多的书,以满足他不竭的阅读量。

我知道有许多家长喜欢激发孩子的阅读兴趣,培养孩子读书的习惯,为他们的人生奠下美丽的书香之基。这里,我要向各位报告:即使是培养最良好的习惯,也有可能做得过火。频繁的图书馆之行所带来的一个大家都意想不到的后果就是:盖茨痴迷于阅读,甚至在饭桌上还一边吃饭一边读书!

鉴于作为社会规范的"礼仪",就餐的同时读书对别人是不太礼貌的行为。玛丽和我尽了我们最大的努力试图说服他,我们动之以情,晓之以理。

盖茨这样无休止地阅读事出有因,事实是每年夏天学校的老师都给他的学生一张列有暑期阅读的书目,每逢开学的时候会有一场竞赛,看看哪位学生能够读完清单上的大多数书籍。盖茨生来争强好胜,他总是想在竞赛中拔得头筹，事实上他也往往能如愿以偿。

尽管如此，我相信盖茨对阅读如此着迷的主要原因是：他对世界充满好奇。他不是只想了解某些事情，而是想了解万事万物。

像很多父母一样，我们也曾试图培养孩子的好奇心，当然，是以我们认为合适的方式。

我们不允许孩子多看电视，但是，我们会给他们购买大量的书籍。如果孩子因为读书读到很晚，我们也不会严格执行作息时间，强迫孩子去休息。如果在餐桌上遇到一个不熟悉的单词，总会有一名家庭成员走到附近的房间，翻开那庞大的词典，找到期待的答案，然后大声地将定义朗读给大家听。一定程度上，这种习惯增强了盖茨这样一个观念：如果你有一个问题，答案一定存在于某一个地方，你所需要做的就是去找到它。

盖茨在学校表现良好。事实上，他的老师都很喜欢他。我认为玛丽和我都无法准确衡量他从学习和生活的经验中收获了多少。一个典型的例子就是他销售坚果，那是他第一次作为商人的经历。

当盖茨还是一个童子军成员时，他们常通过出售未经加工的原味坚果挣钱，满足他们假期开展活动的需要。团队之间往往会展开竞争，看看哪支队伍最终筹得最多的资金。所以盖茨往往会花大量的时间，挨家挨户地征求坚果的订单。

每个晚上和周末的时间，我都与他同夫，驾车送他前往不同的街区，他挨家挨户售卖的时候，我则在车里等候。

事实证明，盖茨在很久以前就开始积攒并记录生意的经验，例如：上门销售产品时销售人员是什么感觉？哪些因素对购买决策产生决定性的影响？找准合适的市场对产品整体成功的影响程度如何？等等。

当盖茨步入青春期时，他的好奇心又促使他投身于另一项活动，并从中受益匪浅——他与朋友保罗·艾伦一起，在学校的计算机房里废寝忘食地工作。

盖茨的好奇心永不动摇，他惯于进行深度分析，这一思维方式从来没有改变过。

至今，盖茨依然保持着童年时的习惯，从书籍中汲取知识和能量。当然，他不会在餐桌上读书了。他总是急切地渴望和下一个遇到的人分享他刚刚学到的知识。

盖茨50岁生日时，我给他写了封信。在信中，我告诉他，我相信他的成功和他一贯保持的好奇心密切相关。

声音需要智慧的启迪

谭 盾

　　报效祖国很重要的是需要有智慧，需要勇敢，更需要创新。为什么我这样说呢？ 我之所以讲这个话，是因为我想起一位非常受我尊敬的、杰出的、老一辈作曲家贺绿汀先生，他是我的老乡，也是湖南人。那么你们知道《游击队之歌》吧？"我们都是神枪手，每一颗子弹都消灭一个敌人……"这首歌就是由贺绿汀先生创作的。

　　1974 年的时候，我还是一个中学生。那个时候我特别想成为一个作曲家，当时在那个环境里面，我听不到其他的更多的音乐，我就老听这首《游击队之歌》。突然有 天，我觉得应该去找是谁写了《游击队之歌》，因为太好听了。他们说是一个湖南人贺绿汀。

　　那个时候没有钱，我坐上了一列通往上海的火车，没有买票，就怕查出来。我找到了一个厕所，上面写着"厕所已坏"，然后我就在里面蹲了20个小时。到了上海以后，我就去找贺绿汀，他住在泰安路。

　　有一天晚上，我记得那时候没有路灯，很黑，终于找到了泰安路一号，我敲开了那黑暗的门，上到了顶层，找到了贺绿汀先生。他问你是谁，我现在状况不是太好，你怎么敢来看我。我说我是从湖南来的，我是您的老乡哎。他说你来干什么。我说我想当作曲家，我希望能够找到一种声音，我希望能够创作出一种声音，这个声音可以报效这个国家，回报这块土地。他说你作过什么东西，我就把我那时候写的几首歌给他看，其中还有一首叫《我梦见了毛主席》。他看了这首歌以后，他说你想做作曲家，你想报效国家，你知道吗，报效国家是需要智慧的。我说智慧在哪里呀？他说智慧在心灵里。我说为什么会在心灵里呢？他说智慧需要学习，需要天天向上，需要去寻找真正你自己觉得被感动的东西，你自己感动了才可以感动别人。那么你自己如何感动？就是说你触及的、你挖掘的、你传承的、你学习的所有东西，都应该是你自己觉得那是你自己的东西。

　　我回到湖南以后就一直在想，我的心灵在哪里？我的心里边能不能装上能够感动我自己的声音？寻找了那么多年以后，我觉得其实这个声音就在我的生活里，就在我的泥土里。最近我突然觉得我应该跟共和国借一些泥土，用来做成一个泥土的乐器，奏出大地的声音。我其实在做陶乐的时候，无论是在台湾的莺歌，还是在陕西的富平，还是在香港的黄大仙，我发现祖国大地上的每一块石头和每一寸土地的声音都不一样，就像这片土地上的千千万万的人民一样，他们的心灵总有自己的理想，总有自己的梦想。每个人都有自己的梦想，每一块石头都有自己的声音。后来我做了一件陶乐器，让它发出声音，发出中国大地的声音。我希望把它献给这片土地、这个国家。